KB263990

고교학점제 시대
등급을 뛰어넘는

생기부 세특 키워드 & 선택과목 전략

저자 한성희

이 책은 고교학점제에서
선택과목 선정때문에 고민인 학생과
어떤 학과가 있는지 몰라서 고등학교 재학 기간
많은 시행착오를 하는 학생들을 위해서 만들었습니다.

교사 생활과 입시 소장을 하면서 경험했던
많은 학생의 고민을 보며
고등학생들의 진로와 진학을 위한 길잡이가
되길 바라며 이 책을 만들었습니다.

책의 전체적인 내용은

첫째 학과 선정이었습니다.
고교학점제가 되면서 학교에서는 1학기가 끝날 때면
선택과목을 빨리 정하라고 하는데 학생들에게 진짜 필요한 건
학과 선택의 문제였습니다. 어떤 학과가 있고 그 학과를 가려면
어떤 선택과목을 정하는 것이 유리한지를 모르는 상태에서
막연히 선택과목을 정해서 재수하는 학생을 봤습니다

화학공학과인데 물리는 안 듣고 화학, 생명만 들어서
학생부 종합으로 화학공학과에 쓰지 못하는 학생을 봤습니다.
그 학생의 경우 화학과와 화학공학과의 차이를 모르고
있어서 그런 참사를 겪게 되었습니다.

둘째로 학과별 세특 키워드에 대해서 적었습니다.
대치동과 동탄 등 여러지역을 상담을 하면서
느낀 건 아이들이 가장 필요한건 자신의 진로와 관련된
세특을 쓰기 위해서 필요한 학과별 세특 키워드나 주제였습니다.

세특 키워드나 주제를 주어지면 잘할 수 있는 학생이
어떤 주제로 써야 할지를 고민하면서 몇 시간을 소비하고
그것도 모자라 일주일간 주제를 정하지 못하는 경우를 봤습니다.

학과별 세특 키워드를 통해서 학생들이 생기부를
쓸 때 사교육 없이도 혼자서 만들 수 있는 초석을 다졌으면
합니다.

셋째 독서 목록입니다.
고교학점제에서는 1학기에 1번씩 생기부 세특을 써야되는데
여기서 가장 쓰기 좋은 방법은 자신의 진로와 관련된 주제
또는 흥미 있는 주제를 책과 연계를 통해 쓰는 것입니다
하지만 어떤 책이 있는지를 몰라서 못 쓰는 학생들을 위해서
학과별 독서 목록을 올려놓았습니다 .

넷째 대학교 학과에 대한 소개입니다
아이들이 생각하는 막연한 학과에 대한 이해보다는
학과별 어떤 직업과 진로가 있는지 그리고
대학에서는 어떤 것을 배우는지를 소개해 보았습니다.

서울대학교
자연계열 전공 학문 분야별 고등학교 교과 이수 권장 과목

모집단위	교과(군)	권장과목			진로 선택
		일반선택			
		모집단위		과목	
자연과학대학 **간호대학** **공과대학**	수학	-			기하, 미적분II (단, 간호대학, 치의학대학원 치의학과는 '기하' 또는 '미적분II')
농업생명과학대학 (식물생산과학부, 산림과학부, 식품·동물생명공학부, 응용생물화학부, 조경·지역시스템공학부, 바이오시스템·소재학부, 스마트시스템과학과) **사범대학** (수학교육과, 물리교육과, 화학교육과, 생물교육과, 지구과학교육과) **생활과학대학** (식품영양학과, 의류학과) **수의과대학** **약학대학** **의과대학** 첨단융합학부 **치의학대학원**(치의학과)	과학	자연과학대학(물리·천문학부 물리학전공) 공과대학(기계공학부, 전기·정보공학부, 원자핵공학과, 조선해양공학과, 항공우주학과) 사범대학(물리교육학과)		물리학	3과목 이상 (단, 의과대학은 '세포와 물질대사', '생물의 유전' 을 포함하여 3과목 이상)
		자연과학대학(화학부) 사범대학(화학교육과)		화학	
		자연과학대학(생명과학부) 사범대학(생물교육과) 의과대학		생명과학	
		자연과학대학 (물리·천문학부 천문학전공, 지구환경과학부) 사범대학(지구과학교육과)		지구과학	
		약학대학		화학 또는 생명과학	

경희대학교
자연계열 전공 학문 분야별 고등학교 교과 이수 권장 과목

※ 핵심과목(감점 활용) : 학과(부)에서 수학(修學)하기 위해 '필수적 이수' 를 권장하는 과목
※ 권장과목(가점 활용) : 학과(부)에서 수학(修學)하기 위해 '가급적 이수' 를 권장하는 과목

학문 분야	모집단위	핵심과목		권장과목	
		수학교과	과학교과	수학교과	과학 교과
수학	수학과, 응용수학과	대수, 미적분I, 확률과 통계, 미적분II, 기하	-	-	-
컴퓨터	소프트웨어융합학과, 인공지능학과, 컴퓨터공학과	대수, 미적분I, 확률과 통계, 미적분II, 기하	-	인공지능 수학	-
산업	산업경영공학과	대수, 미적분I, 확률과 통계, 미적분II	-	-	-
물리	물리학과, 응용물리학과	대수, 미적분I, 확률과 통계, 미적분II, 기하	물리학 역학과 에너지, 전자기와 양자	-	화학 물질과 에너지
기계	기계공학부	대수, 미적분I, 확률과 통계, 미적분II, 기하	물리학, 화학 역학과 에너지, 전자기와 양자	-	물질과 에너지, 화학 반응의 세계
전기·전자	미래정보디스플레이학부, 생체의공학과, 전자공학과, 반도체공학과	대수, 미적분I, 확률과 통계, 미적분II, 기하	물리학, 화학 역학과 에너지, 전자기와 양자	-	-

경희대학교
자연계열 전공 학문 분야별 고등학교 교과 이수 권장 과목

※ 핵심과목(감점 활용) : 학과(부)에서 수학(修學)하기 위해 '필수적 이수' 를 권장하는 과목
※ 권장과목(가점 활용) : 학과(부)에서 수학(修學)하기 위해 '가급적 이수' 를 권장하는 과목

학문 분야	모집단위	핵심과목		권장과목	
		수학교과	과학교과	수학교과	과학 교과
건설/건축	건축공학과, 사회기반시스템공학과	대수, 미적분I, 확률과 통계, 미적분II	물리학	기하	-
	건축학과	대수, 미적분I, 확률과 통계	-	미적분II, 기하	물리학
화학	화학과, 응용화학과	대수, 미적분I, 확률과 통계, 미적분II	화학 물질과 에너지, 화학 반응의 세계	기하	물리학, 생명과학, 역학과 에너지, 전자기와 양자
재료 /화공·고분자·에너지	원자력공학과 신소재공학과	대수, 미적분I, 확률과 통계, 미적분II, 기하	물리학, 화학 물질과 에너지 역학과 에너지	-	전자기와 양자, 화학 반응의 세계
	화학공학과	대수, 미적분I, 확률과 통계, 미적분II	물리학, 화학 물질과 에너지, 화학 반응의 세계	기하	역학과 에너지, 전자기와 양자
생명과학·환경 /생활과학 /농림	생물과학, 스마트팜화학과	대수, 미적분I, 확률과 통계	화학, 생명과학 세포와 물질대사, 생물의 유전	미적분II	물리학
	식품영양학과, 식품생명공학과, 유전생명공학과, 환경학및환경공학과	대수, 미적분I, 확률과 통계	화학, 생명과학 세포와 물질대사, 생물의 유전	미적분II	물질과 에너지, 화학 반응의 세계
	융합바이오·신소재 공학과	대수, 미적분I, 확률과 통계	화학, 생명과학 세포와 물질대사, 생물의 유전 물질과 에너지, 역학과 에너지	미적분II	물리학
천문·지구	지리학과	대수, 미적분I, 확률과 통계	물리학, 화학, 지구과학, 지구시스템과학, 행성우주과학	기하, 미적분II	역학과 에너지, 물질과 에너지, 정보
	우주과학과	대수, 미적분I, 확률과 통계. 미적분II	물리학, 화학, 지구과학, 지구시스템과학, 행성우주과학	기하	역학과 에너지 전자기와 양자
의학	의예과	대수, 미적분I, 확률과 통계, 미적분II	화학, 생명과학 물질과 에너지, 화학 반응의 세계, 세포와 물질대사, 생물의 유전	-	물리학
	한의예과, 치의예과	대수, 미적분I, 확률과 통계, 미적분II	화학, 생명과학 세포와 물질대사, 생물의 유전	-	물리학 물질과 에너지, 화학 반응의 세계
약학	약학과, 한약학과, 약과학과	대수, 미적분I, 확률과 통계, 미적분II	화학, 생명과학 물질과 에너지, 화학 반응의 세계, 세포와 물질대사, 생물의 유전	-	물리학
간호 / 보건	간호학과	대수, 미적분I, 확률과 통계	생명과학, 세포와 물질대사, 생물의 유전	미적분II	화학, 물질과 에너지, 화학 반응의 세계

건국대학교
전공 학문 분야별 고등학교 교과 이수 권장 과목

※ 일반선택과목을 먼저 이수하고, 진로·적성에 맞게 진로선택과목 및 융합선택과목 이수 추천
※ 전체 과목 이수 이력과 수업 내용을 함께 고려하여 평가함. 특정 과목의 이수가 필수는 아님

분야	단과대학	전공관련 교과영역(자체 기준)
인문	문과대학	국어, 영어 사회
	사범대학	
문과	사회과학대학	국어, 사회, 수학(대수, 미적분I, 확률과통계)
	경영대학	
	부동산과학원	
이학, 공학, 건축, 생명	이과대학	수학: 대수, 미적분 I·II, 확률과 통계 과학: 일반선택과목 먼저 이수 후, 진로와 적성에 맞게 진로선택과목 이수 ※ 공과대학: 미적분 I·II, 기하 / 물리학 이수 추천
	공과대학	
	건축대학	
	융합과학기술원	
	생명과학대학	
	수의과 대학	
사회과학	KU자유전공학부	계열 상관없이 자신의 진로와 적성에 따라 선택

동국대학교
자연계열 전공 학문 분야별 고등학교 교과 이수 권장 과목

단과대학	모집단위	전공관련 교과영역(자체 기준)
이과	수학과	수학
	화학과	수학, 물리학, 화학, 생명과학
	통계학과	수학
	물리학과	수학, 물리학, 화학
바이오시스템	바이오시스템대학(단과대학) ※ 2025신설 모집단위/광역화	수학, 화학, 생명과학
	바이오환경과학과	수학, 화학, 생명과학, 지구과학
	생명과학과	수학, 물리학, 화학, 생명과학
	식품생명공학과	수학, 화학, 생명과학
	의생명공학과	수학, 물리학, 화학, 생명과학
공과	전자전기공학부	수학, 물리학, 화학
	정보통신공학과	수학, 물리학
	건설환경공학과	수학, 물리학, 화학, 지구과학
	화공생물공학과	수학, 물리학, 화학, 생명과학
	기계로봇에너지공학과	수학, 물리학, 화학
	건축공학부	수학, 물리학
	산업시스템공학과	수학
	에너지신소재공학과	수학, 물리학, 화학
첨단융합	컴퓨터·AI 학부	수학
	시스템반도체학부	수학, 물리학, 화학
사범	수학교육과	수학
	가정교육과	사회문화, 화학, 생명과학, 가정
약학	약학과	수학, 화학, 생명과학
	열린정공학부(자연) ※ 2025 신설 모집단위/광역화	수학, 물리학, 화학

동국대학교
예체능계열 전공 학문 분야별 고등학교 교과 이수 권장 과목

단과대학	모집단위	전공관련 교과영역(자체 기준)
예술	연극학부	국어, 영어, 역사, 윤리, 사회문화, 정치, 법, 경제, 지리
	영화영상학과	국어, 역사, 윤리, 사회문화

동국대학교
인문계열 전공 학문 분야별 고등학교 교과 이수 권장 과목

단과대학	모집단위	전공관련 교과영역(자체 기준)
불교	불교학부	역사, 윤리
	문화유산학과	국어, 사회문화, 역사, 한문
문과	국어국문·문예창작학부	국어, 역사, 사회문화, 한문
	영어영문학부	국어, 영어, 사회문화
	일본학과	국어, 역사, 사회문화, 정치, 법, 경제, 일본어
	중어중문학과	국어, 역사, 중국어
	철학과	국어, 윤리, 한문, 철학, 논리학
	사학과	국어, 역사, 한문
법과	법학과	국어, 역사, 윤리, 정치, 법
사회과학	정치외교학전공	역사, 사회문화, 정치, 법, 경제, 윤리
	행정학전공	사회문화, 정치, 법, 경제
	북한학전공	국어, 역사, 사회문화, 지리
	경제학과	국어, 수학, 영어, 경제
	국제통상학과	수학, 영어, 정치, 법, 경제, 사회문화
	사회학전공	사회문화, 윤리
	미디어커뮤니케이션학전공	국어, 사회문화, 정치, 법, 경제
	식품산업관리학과	수학, 사회문화, 경제
	광고홍보학과	국어, 영어, 사회문화
	사회복지학과	윤리, 사회문화, 정치, 법, 경제
경찰사법	경찰행정학부	수학, 영어, 사회문화, 정치, 법
경영	경영학과	국어, 수학, 영어, 사회문화, 경제
	회계학과	국어, 수학, 영어
	경영정보학과	수학, 사회문화, 경제
사범	교육학과	역사, 윤리, 사회문화
	국어교육과	국어, 역사, 윤리, 사회문화
	역사교육과	역사
	지리교육과	지리, 역사, 사회문화, 경제, 정치, 법
열린전공학부(인문) ※2025 신설 모집단위		국어, 영어, 사회문화, 정치, 법, 경제, 역사, 윤리, 지리, 제2외국어

인문 · 어문 계열

국어국문학과 알아보기

한국말과 글에 대한 폭넓은 연구와 분석을 통해 국어 문화 발전에 능동적으로 기여할수 있는 인재를 육성하는 데에 목표를 두고 있는

국어국문학과

문학분석  **국어이해**

우리말과 문학 작품을 연구의 대상으로 삼아 변천사를 살피고 철학, 문화 등 사회의 다양한 요소들과의 관계 속에서 심층적 의미를 탐구함으로써 우수한 인문학적 소양을 갖추는 데 중점을 두고 있음.

주요 학습 내용

국어학, 고전문학, 현대문학, 국어 교육과 글쓰기

전공 과목

국어학개론, 국문학개론, 현대문학입문, 국어정서법, 국어문법론, 국어음운론, 형태통사론, 국어의미론, 응용언어학, 국어발달사, 한국어교육론, 언어학과 문학,

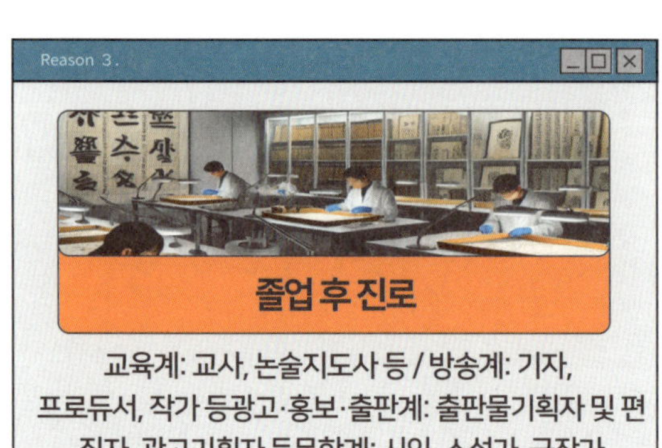

졸업 후 진로

교육계: 교사, 논술지도사 등 / 방송계: 기자, 프로듀서, 작가 등 광고·홍보·출판계: 출판물기획자 및 편집자, 광고기획자 등 문학계: 시인, 소설가, 극작가

유사 학과

미디어문학과, 한국어문학부, 한국어문학과, 한국어문화학부, 국어국문·창작학과, 국어국문·문예창작학과, 글로벌한국학 전공, 국어국문창작학부, 문학영상학과 등

생기부 세특 키워드

K-문학의 이해, 세계속의 한국문학, 한국고전문학사, 한국고전산문강독, 한국고전소설론, 한국고전시가강독, 한국고전시가론, 한국구비문학론, 한국문학과 한국사회, 한국문학연구입문, 한국어 정보의 전산처리, 한국어문법론, 한국어방언학, 한국어어휘론, 한국어연구입문, 한국어음운론, 한국어의미론, 한국어학사, 한국영상문학론, 한국한문학론, 한국현대문학비평, 한국현대문학사, 한국현대소설론, 한국현대시론, 한국현대작가론, 한국현대희극론

생기부 추천 도서

- 이광수 『무정』
- 김만중 『구운몽』
- 염상섭 『삼대』
- 이청준 『당신들의 천국』
- 셰익스피어 『셰익스피어 4대 비극』
- 안병렬 『한국고전명시 100선 감상』
- 신지영 외 『쉽게 읽는 한국어학의 이해』

문헌정보학과 알아보기

빅 데이터의 시대적 환경 속에서 수준높은 정보 관리 능력을 갖춘 전문가를 양성해 나가는

문헌정보학과

정보조직 + **지식관리**

다양한 정보들 중에서 학술적. 교육적. 역사적으로 가치있는 정보들을 선별하여 보존하고 필요시 이를 제공하는 방법과 기술을 연구하는 학과임.
문헌.영상 자료 등 모든 종류의 지식과 정보를 이용자들이 편리하게 검색하고 열람할 수 있도록 하는 체계적 방법 구축을 목표로 함

Reason 1.

주요 학습 내용

문헌분류론, 문헌목록법, 문헌정보통계, 도서관 정보시스템이용법, 정보자원관리, 정보표준화론

Reason 2.

전공 과목

문헌정보학입문, 서지학개론, 정보와 사회, 정보학, 정보시스템 구축론, 정보윤리, 정보이용자론, 데이터베이스디자인시스템, 공공도서관경영론, 도서관정보센터경영론,

---

Reason 3.

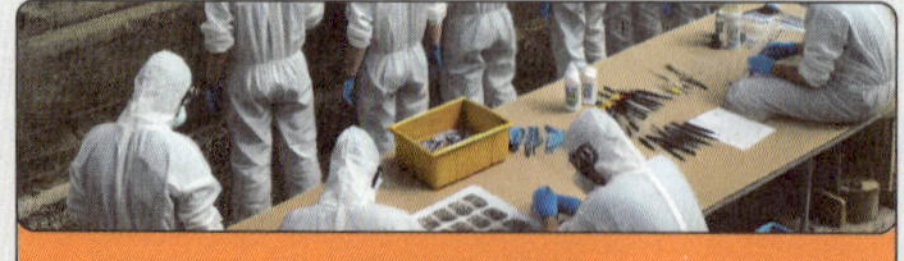

졸업 후 진로

기업체: 출판사, 기업문헌자료실, 정보 기술 업체 사서교사, 독서지도사·신문사, 잡지사, 방송국· 공립 도서관 등

Reason 4.

유사 학과

문헌정보학전공, 도서관학과, 문헌정보교육과, 점자 문헌정보학과, 인문콘텐츠학부, 문헌정보학과, 문헌정보전공, 수어통역문헌정보학과 등

생기부 세특 키워드

기록관리론, 뉴미디어, 도서관정보센터경영론, 도서관정보센터 경영의 실제, 문헌정보학입문, 웹인터페이스 설계, 장서개발론, 정보기술론, 정보서비스평가, 정보시스템분석, 정보이용자교육론, 정보조사제공론, 정보조직론-목록론, 프로그래밍기초, 학술정보커뮤니케이션

생기부 추천 도서

- 최종태『지상의 아름다운 도서관』
- 존 우다『히말라야 도서관』
- 도서관 여행자『도서관은 살아 있다』
- 홍은자『나는 도서관 사서입니다』
- 한국문헌정보학회『최신 문헌정보학의 이해』

사학과 알아보기

동양사, 서양사 등의 세계사적 시각을 함양하고 이와 관련한 실천적 활동을 추구하는 과정을 경험함으로서 인문적 소양을 기르는

사학과

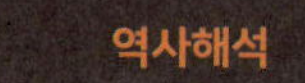

역사에 대한 포괄적 이해를 바탕으로, 문화 유산을 발굴하고 체계화하는 능력을 종합적으로 갖춘 역사학자 및 역사 분야 전문가 양성을 목표로함.

Reason 1.

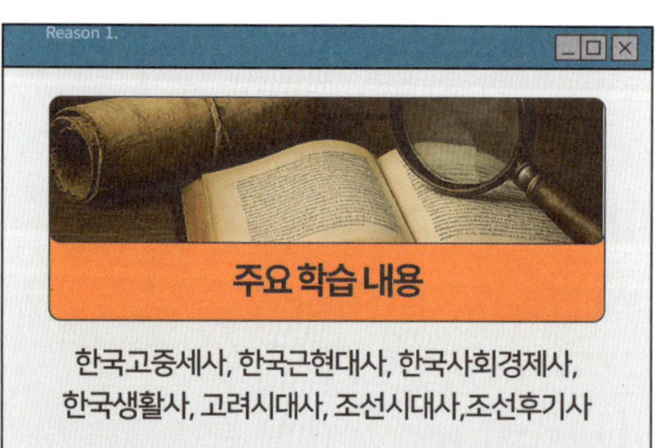

주요 학습 내용

한국고중세사, 한국근현대사, 한국사회경제사, 한국생활사, 고려시대사, 조선시대사, 조선후기사

Reason 2.

전공 과목

역사학개론, 한국사입문, 동아시아사입문, 서양사입문, 중국고중세사. 중국근대사, 중국현대사, 동양고중세사, 동양근대사, 동양현대사, 서양고대사, 서양근대, 현대사

Reason 3.

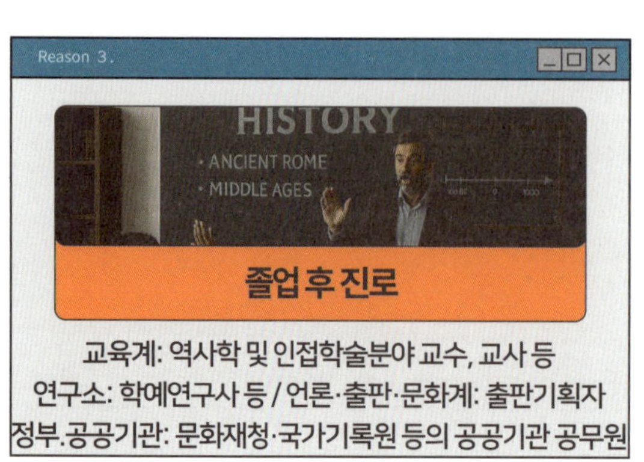

졸업 후 진로

교육계: 역사학 및 인접학술분야 교수, 교사 등
연구소: 학예연구사 등 / 언론·출판·문화계: 출판기획자
정부·공공기관: 문화재청·국가기록원 등의 공공기관 공무원

Reason 4.

유사 학과

동양사학과, 서양사학과, 역사학과, 인문학부(사학전공), 한국사학과, 미술사학과, 인문콘텐츠학부, 역사콘텐츠학과, 한국역사학과 등

생기부 세특 키워드

20세기 동서양 법문화와 생활, 20세기 한국사, 개관베트남사, 개관일본사, 규장각과 한국문화, 근대한국의 역사와 문화, 근대서양의 인종과 식민주의, 근세무슬림제국과 그 유산, 근현대 한국민족주의, 글로벌생태환경사, 글로벌 해양사, 기독교와 서양문명, 남북분단과 한국전쟁, 대중문화 속의 역사읽기, 도시의 문화사, 독일사, 동남아시아 역사와 해상무역, 동아시아역사고전독해, 동아시아의 역사분쟁, 동아시아의 왕권, 러시아사, 몽골세계제국사, 미국사, 서양의 문화적 전통, 서양의 고대문명

생기부 추천 도서

- E. H. 카 『역사란 무엇인가』
- 박찬승 『마을로 간 한국전쟁기 마을에서 벌어진 작은 전쟁들』
- 조셉 폰타나 『거울에 비친 유럽』
- 백유선 『청소년을 위한 한국사』
- 토마스 볼핀치 『그리스·로마 신화』
- 일연 『삼국유사』
- 김부식 『삼국사기』
- 한국역사연구회 『고려시대 사람들은 어떻게 살았을까 1,2』
- 한국역사연구회 『조선시대 사람들은 어떻게 살았을까 1,2』

심리학과 알아보기

과학적·논리적 탐구 방법을 바탕으로 감정과 같은 정서적 측면, 주어진 상황에서 보이는 행동적 측면, 그리고 정보의 기억과 처리라는 인지적 측면에 대한 설명의 이론과 실제를 제공하는

심리학과

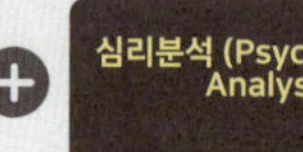

| 인간이해 (Understanding Human Behavior) | ➕ | 심리분석 (Psychological Analysis) |

통계, 실험 등을 통해 얻어진 객관적 자료들을 분석하고 이를 토대로 인간의 특성을 밝혀냄으로써 우리 스스로에 대한 이해의 폭과 깊이를 심화시킬 수 있는 전문적 인재 양성을 목표로 함

Reason 1.

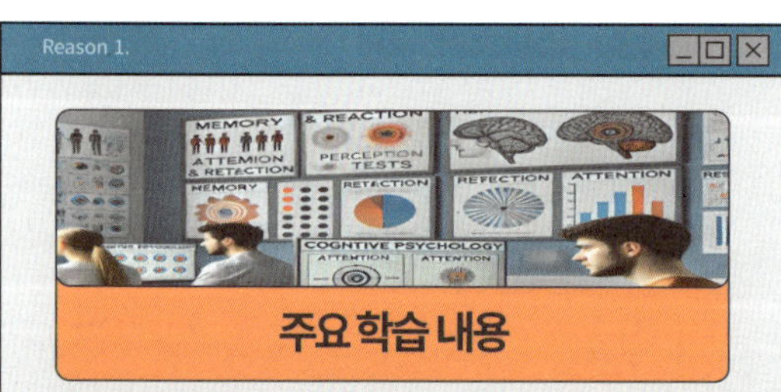

주요 학습 내용

심리학 이론과 역사, 인간 행동과 심리과정 탐구, 심리 평가 및 측정, 임상 심리학, 발달·사회·산업 심리 등 응용

Reason 2.

전공 과목

심리학의 기초, 심리학개론, 심리통계, 발달심리학, 성격심리학, 사회심리학, 학습심리학, 언어심리학, 문화심리학, 인지심리학, 성인 노인심리학, 소비자심리

Reason 3.

졸업 후 진로

대학교수, 상담교사, 교육분야 연구원 등
임상심리사, 놀이·미술·언어·음악치료사, 상담사
경영·기획: 조사원, 기획자, 홍보팀, 광고대행사

Reason 4.

유사 학과

상담심리학과, 사회심리학과, 산업심리학과, 심리상담학과, 아동복지상담심리학부(상담심리학전공), 상담코칭심리학과, 심리철학상담학과, 심리치료학과(인문계열)

생기부 세특 키워드

긍정임상심리학 입문, 로봇심리학, 발달심리학, 비교문화심리학, 사회심리학, 상담심리학, 성격심리학, 시각예술의 지각, 신경과학, 실험심리입문 및 실험, 심리측정과 검사, 심리통계학, 언어심리학 및 실험, 응용발달심리학, 응용실험심리학, 이상심리학, 인간 뇌이미징의 데이터사이언스, 인간공학의 심리학, 인지신경과학, 임상심리학, 정서심리학, 조직심리학, 주식심리학, 주의와 수행, 중독의 심리학, 지각심리학, 의사결정의 심리학, 기억심리학

생기부 추천 도서

- 로렌 슬레이터 『스키너의 심리상자 열기』
- 카이스 스타노비치 『심리학의 오해』
- 박지영 『유쾌한 심리학』
- 로저 R.호크 『심리학을 변화시킨 40가지 연구』
- 리처드 도킨스 『이기적인 유전자』
- 제롬 케이건 『성격의 발견』
- 한국청소년정책연구원 『청소년심리학』

영어영문학과 알아보기

영어학 및 영미문학에 대한 폭넓은 이해와 국제어인 영어로 자유롭게 의사소통 할 수 있는 능력의 함양을 목표로 하는

영어영문학과

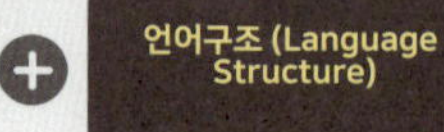

언어로서 영어가 지닌 구조와 특성, 영어권 문학의 변천사와 작품들에 대한 이해 과정을 바탕으로 비판적, 창의적 사고력을 지닌 글로벌 인재를 육성함으로써 사회발전에 기여할 수 있는 소양을 기르는 것과 관련한 교과목들을 배운다.

Reason 1.

주요 학습 내용

영어문학 분석, 영어학 이론, 영문 작문 및 독해, 영어권 문화 이해, 실용 영어 교육

Reason 2.

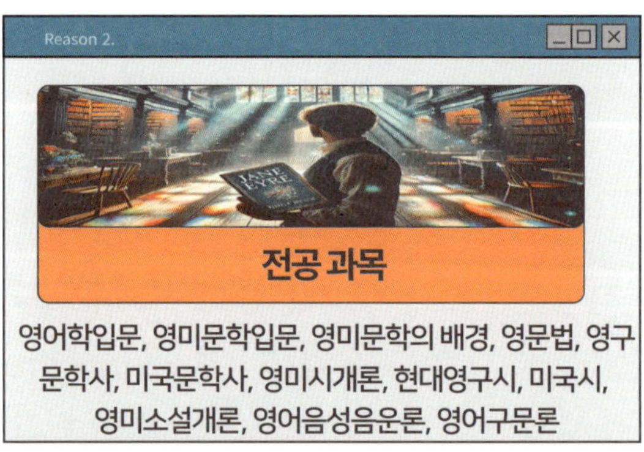

전공 과목

영어학입문, 영미문학입문, 영미문학의 배경, 영문법, 영구문학사, 미국문학사, 영미시개론, 현대영구시, 미국시, 영미소설개론, 영어음성음운론, 영어구문론

Reason 3.

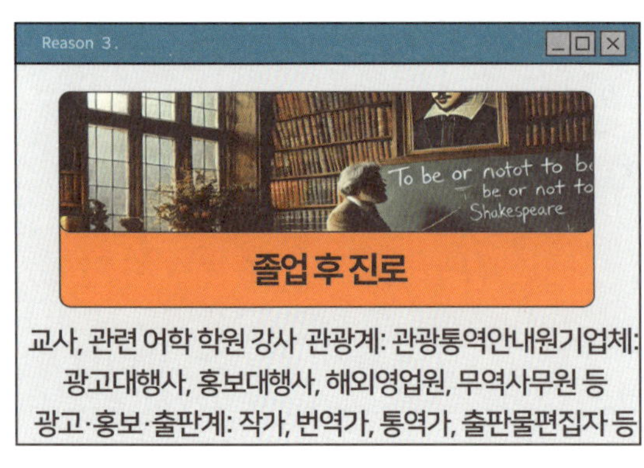

졸업 후 진로

교사, 관련 어학 학원 강사 관광계: 관광통역안내원기업체: 광고대행사, 홍보대행사, 해외영업원, 무역사무원 등 광고·홍보·출판계: 작가, 번역가, 통역가, 출판물편집자 등

Reason 4.

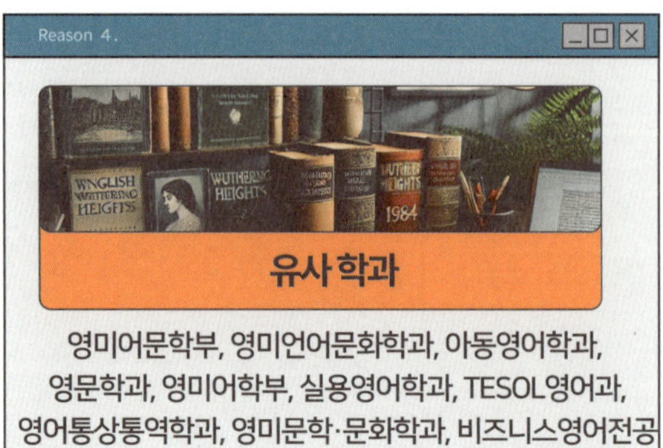

유사 학과

영미어문학부, 영미언어문화학과, 아동영어학과, 영문학과, 영미어학부, 실용영어학과, TESOL영어과, 영어통상통역학과, 영미문학·문화학과, 비즈니스영어전공

생기부 세특 키워드 

17-18세기 영국시, 18세기 영·미소설, 고급영문법, 르네상스 영시, 문학과 정신분석, 문학과 철학의 대화, 문학으로 읽는 서양문명, 미국문학개관, 미국문화와 현대사회의 이해, 비평이론, 서양근대문학의 이해, 세계문학과 영문학, 셰익스피어, 소설의 이론과 서사 전통, 여성문학의 전통, 영문학과 대중문화, 영미 대중소설의 이해, 영미영작의 세계, 영시의 이해, 영어담화분석, 영어문장구조의 이해, 영어문학개관, 영어발달사, 영어습득의 이해, 영어와 사회, 영어음성학, 영어의미의 이해

생기부 추천 도서

- 셰익스피어 『셰익스피어 4대 비극』
- 제인 오스틴 『오만과 편견』
- 카프카 『변신』
- 조지 오웰 『동물농장』
- 스콧 피츠제럴드 『위대한 개츠비』
- 찰스 디킨스 『올리버 트위스트/위대한 유산』
- 조지 오웰 『1984』
- 소포클레스 『오이디푸스왕』
- 호밀밭의 파수꾼 『제롬 데이비드 샐린저』

사회 계열

경영학과 알아보기

다양한 조직의 실천적 목적에 따라
성과를 극대화시키는

경영학과

기업뿐 아니라 다양한 조직의 경영 현상을 관찰해
그 곳에 존재하는 법칙을 밝혀 이를 목적에 따라
적용시키는 학문. 다양한 이해 관계자들의 의견을 수용
하는 방법을 배우고, 이를 통해 얻은 성과를
효율적이고 공정하게 배분할수 있는지를 배움

Reason 1.

주요 학습 내용

경영학원론, 경제학원론, 경영통계,
회계원리, 마케팅, 조직행동 등

Reason 2.

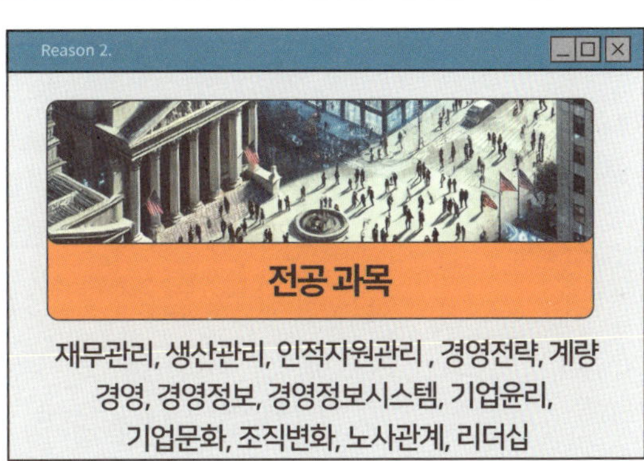

전공 과목

재무관리, 생산관리, 인적자원관리 , 경영전략, 계량
경영, 경영정보, 경영정보시스템, 기업윤리,
기업문화, 조직변화, 노사관계, 리더십

Reason 3.

졸업 후 진로

마케팅: 기업체의 마케팅, 광고 및 홍보 전문 업체 컨설팅
생산운영: 프로세스 컨설팅, 서비스 산업, 항공물류산업
등, 인사조직, 경영정보시스템

Reason 4.

유사 학과

EMU경영학부, TI경영학부, e-비지니스학과, 경영정보학과,
국제호텔경영학과, 글로벌경영학과, 기술경영학과, 마케팅
정보컨설팅학과, 문화산업경영학과

생기부 세특 키워드

전략과 조직, 전략적 브랜드 관리, 전자상거래, 경영과학, 경영빅데이터분석개론, 경영을 위한 경제학, 경영전략, 경영정보론, 경영정보연구, 경영철학과 윤리, 경영학개론, 고객경험디자인과 콘텐츠 전략, 고급회계, 공급사슬관리, 관리회계, 광고관리론, 국제경영, 국제금융관리론, 국제기업환경, 금융공학과 퀀트분석, 금융기관경영론, 기업가치금융, 기업법, 기업재무론, 네트워크비지니스 경영, 노사관계론, 디지털마케팅, 마케팅조사론

생기부 추천 도서

- 장영재 『경영학 콘서트』
- 리차드 탈러 『넛지』
- 토드 부크홀츠 『죽은 경제학자의 살아있는 아이디어』
- 이재규 『청소년을 위한 경영의 역사』
- 허브 코헨 『협상의 법칙』
- 피터 드러커 『미래경영』
- 송영길 『그냥 하지 말라』
- 로버트 차알리니 『설득의 심리학』

경제학과 알아보기

경제 전반에 걸친 원리와 제도를 분석하고, 이를 통해 현실 사회의 다양한 현상을 설명하고 해결책을 모색하는

경제학과

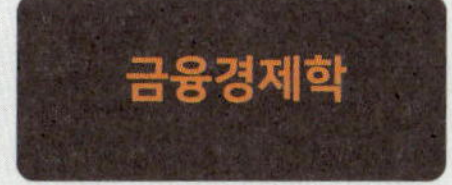

한정된 자원 내에서 어떻게 하면 최대의 효용을 얻을 수 있는지, 그에 따른 기회 비용은 어떻게 되는지 등에 대해 연구하고 이 과정에서 일반적인 법칙을 도출하고 미래현상을 예측해내는 학과

주요 학습 내용

조세론, 재정학, 후생경제, 금융경제, 노동경제, 경제성장론, 도시 및 지역경제, 산업조직론

전공 과목

경제학원론, 경제수학, 미시경제, 거시경제, 계량경제, 경제사, 국제무역, 에너지경제, 환경경제, 산업경제, 농업경제, 법경제, 디지털경제, 정보경제

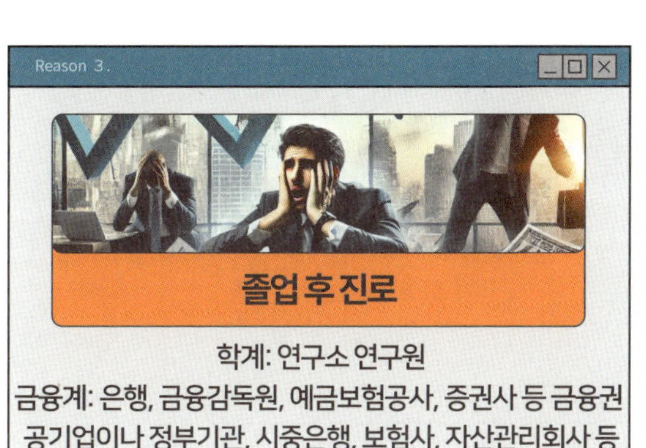

졸업 후 진로

학계: 연구소 연구원
금융계: 은행, 금융감독원, 예금보험공사, 증권사 등 금융권
공기업이나 정부기관, 시중은행, 보험사, 자산관리회사 등

유사 학과

경제금융물류학부, 경제금융학과, 경제통상학부, 국제경제통상학과, 국제경제학과, 국제무역학과, 글로벌경제학과, 금융경제학과, 농경제유통학부

생기부 세특 키워드

거시금융경제학, 거시경제이론, 게임이론 및 응용, 경쟁경제학, 경제분석을 위한 데이터 사이언스, 경제분석을 위한 머신러닝, 경제사, 경제성장론, 경제수학, 경제예측 및 시계열분석, 경제추격론, 경제통계학, 경제학과 시장경제의 이해, 경제학사, 고급계량경제학, 교육경제학, 국제경제론, 국제금융론, 국제무역론, 금융중개와 규제, 노동경제학, 노사관계론, 동양경제사, 디지털 경제, 마르크스경제학, 매커니즘 디자인, 미시경제이론, 조세론

생기부 추천 도서

- 트렌즈지 특별취재팀『10년 후 일의 미래』
- 토드 부크홀츠『죽은 경제학자의 살아있는 아이디어』
- 팀 하포드『경제학 콘서트』
- 스티븐 레빗『괴짜 경제학』
- 브라운스톤『부의 인문학』
- 존메이너드 케인즈『케인즈의 일반이론(청소년을 위한)』
- 김수행『자본론(청소년을 위한)』
- 애덤 스미스『국부론』

광고홍보학과 알아보기

기업의 입장에서 제품이나 서비스의 판매를 도와주고, 소비자에게는 제품에 대한 정보를 제공하는

광고홍보학과

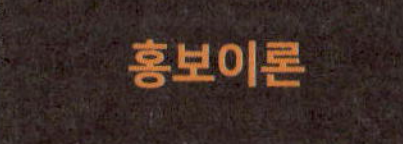

현대 사회에서 나타나는 다양한 커뮤니케이션 현상을 과학적으로 탐구함으로써 커뮤니케이션 업계와 학계에서 능력 있는 인재를 양성하는데 목표를 두고 있는 학과

Reason 1.

주요 학습 내용

광고조사론, 광고기획론, 광고매체론, 광고캠페인, 매체기획론, 기업홍보론

Reason 2.

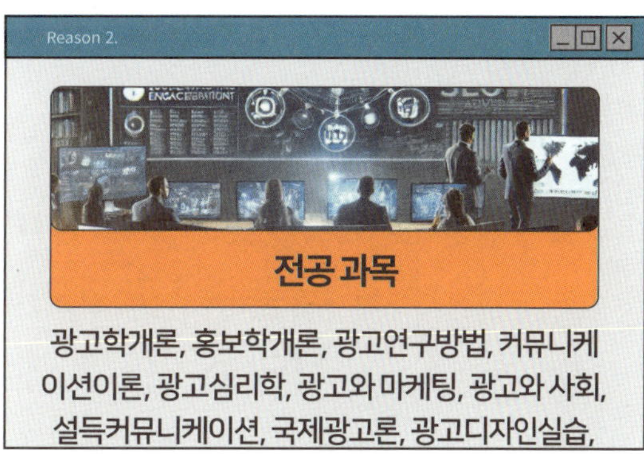

전공 과목

광고학개론, 홍보학개론, 광고연구방법, 커뮤니케이션이론, 광고심리학, 광고와 마케팅, 광고와 사회, 설득커뮤니케이션, 국제광고론, 광고디자인실습,

Reason 3.

졸업 후 진로

광고기획 전문가(Account Executive), 홍보기획 전문가(PR Professional),시장분석 전문가 (Market Analyst), SP기획(Sales Promotion Planner)

Reason 4.

유사 학과

광고홍보언론학과, 광고PR브랜딩전공, 미디어광고학과, 미디어영상광고홍보학부, 미디어커뮤니케이션학과, 신문방송학과, 언론영상광고학과, 언론홍보영상학

생기부 세특 키워드

PR사례연구, PR의이해, PR캠페인, 광고미디어전략 기획, 광고의 이해, 광고캠페인, 뉴미디어영화론, 다문화사회와 미디어, 다큐멘터리프로덕션, 대인커뮤니케이션, 대중문화연구, 드라마프로덕션, 멀티미디어리포팅, 미디어경영, 미디어경제, 미디어기술, 미디어대본작성, 미디어데이터마이닝, 미디어 법과 윤리, 미디어비평, 미디어 산업과 융합, 미디어와 정치, 미디어와 젠더, 미디어정책, 미디어제작기획, 방송론, 설득커뮤니케이션

생기부 추천 도서

- 데이비드 오길비 『광고 불변의 법칙』
- 유종숙 『광고와 직업』
- 정만수 『쉽고 체계적인 설득 커뮤니케이션의 이해』
- 얄리스 로라리스 『홍보 불변의 법칙
- 오두환 『광고의 8원칙』
- 사이먼 백스너 『광고를 뒤바꾼 아이디어』

국제학과 알아보기

복잡하고 다양한 국제적인 문제들에 대해 보다
심도있고 정확한 분석을 하기 위해 다양한
학문을 복합적으로 공부하는

국제학과

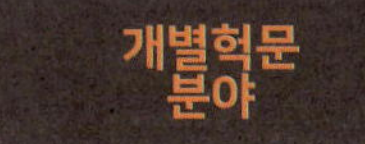

세계의 다양한 언어, 문화, 정치, 경제 등을 연구하며,

우리나라와 다른 나라와의 관계를 원활하게 할 수 있는

인재를 육성하는 학과

Reason 1.

주요 학습 내용

국제정치경제, 미시경제학, 무역계약론, 거시경제학,
세계정치론, 다문화 사회론

Reason 2.

전공 과목

국제관계이론, 정치학개론, 다문화사회론, 세계정치론, 국
제교류론, 외교정책론, 국제기구론, 국제협상, 에너지와 국
제관계, 외교사, 외교정책, 유럽연합, 현대중국정치론

Reason 3.

졸업 후 진로

번역가, 외교관, 해외영업원, 행사기획자,
언론계: 방송기자, 신문기자, 잡지 기자

Reason 4.

유사 학과

국제학부, 국제관계학과, 글로벌경제학과 등

생기부 세특 키워드

NGO와 국제거버넌스, 개발도상국의 경제지리학, 개발협력의 주요 이슈, 국제개발개론, 국제개발의 동역학, 국제경영윤리, 국제경영의 이해, 국제경제법, 국제경제협력론, 국제기구론, 국제법, 국제분쟁해결, 국제정치경제, 국제통상정책, 국제학데이터사이언스, 국제협상론, 글로벌빈곤, 금융시장 및 금융기관, 기술정보와 사회, 기후환경법과 정치, 동아시아경제론, 동아시아국제관계, 동아시아의 도시화, 디지털통상, 물과 지속가능성, 미국경제론, 에너지와 국제관계

생기부 추천 도서

- 김덕영 『세상을 바꾼 글로벌 리더 50인의 특강』
- 코너 우드먼 『나는 세계일주로 경제를 배웠다』
- 리처드 탈러 『넛지』
- 토마스 프리드먼 『렉서스와 올리브 나무』
- 최재천 『통섭의 식탁』
- 그레고리 클라크 『맬서스 산업혁명 그리고 이해할 수 없는 신세계』
- 조지프 스티글리츠 『불평등의 대가』

무역학과 알아보기

국가 경쟁력 향상과 국가 경제 발전을 위한 인재를 양성하는

무역학과

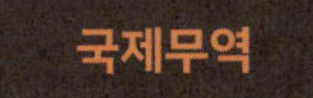

세계화와 정보화라는 시대적 요청에 부응하여 국제 무역, 국제 금융, 국제 통상, 국제 경영, 무역 상무 및 전자 무역 등에 관한 연구를 하는 학과

Reason 1.

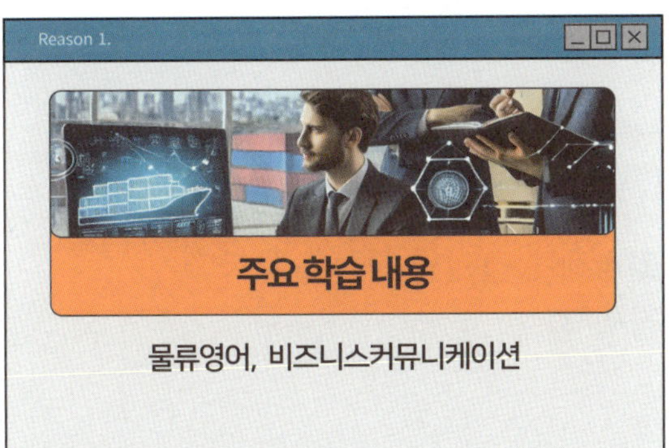

주요 학습 내용

물류영어, 비즈니스커뮤니케이션

Reason 2.

전공 과목

물류관리론, 경영학원론, 경제학원론, 회계학원론, 국제 상거래법, 해상운송론, 국제복합운송, 국제물류전략, 국제 마케팅, 국제보험론, 항만관리론, 선박금융, 보관하역론

Reason 3.

졸업 후 진로

공무원, 국제경제기구, 국제탄소시장전문가, 국제통상전문가, 농업경제학자, 산업연구원, 유통전문가 등

Reason 4.

유사 학과

국제통상학과, 유통경영학과, 국제무역학과, 국제물류학과 등

생기부 세특 키워드

경영학원론, 경제학원론, 관세법, 국제M&A연구, 국제경영론, 국제마케팅, 국제무역론, 국제산업분석, 국제재무관리, 국제투자론, 글로벌 경영전략, 글로벌공급사슬관리, 글로벌비지니스사례연구, 글로벌비지니스정보시스템, 데이터분석, 무역상무론, 무역실증패널분석, 무역창업론, 무역통상법규, 무역통상협상론, 무역학원론, 물류기술경영, 비교문화경영론, 외국환거래법, 외환론, 이머징마켓연구, 통계학, 파생상품론, 회계원리

생기부 추천 도서

- 조지프 스티글리츠『불평등의 대가』
- 스티글리츠『스티글리츠 보고서 세계 경제의 대안을 말하다』
- 토마스 세들라체크『선악의 경제학』
- 스티븐 레빗『괴짜 경제학』
- CCTV 경제30분팀『무역전쟁』
- 그레고리 클라크『맬서스 산업혁명 그리고 이해할 수 없는 신세계』

사회복지학과 알아보기

사회복지 전문가로서의 역량을 키워
사회적 문제 해결에 기여하는

사회복지학과

사회 복지 서비스 **+** 취약 계층 지원

가족문제, 아동문제, 노인문제, 청소년비행문제, 산업복지문제 등 다양한 사회문제에 대한 해결 방법을 연구하여 인간의 삶의 질을 높이고, 평등과정의를 실현하는데 기여하는 사회복지 인력을 양성하는 학과

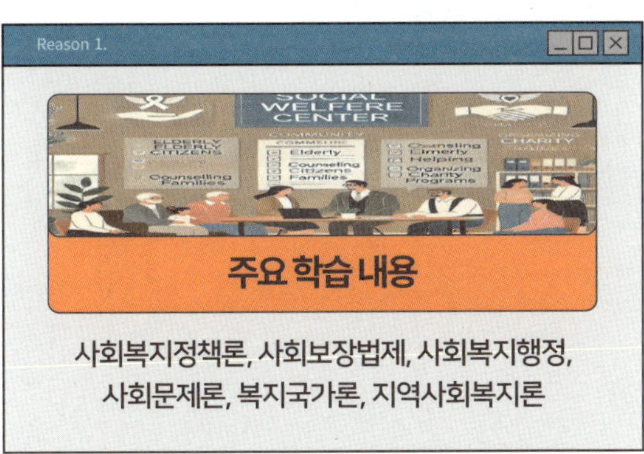

주요 학습 내용

사회복지정책론, 사회보장법제, 사회복지행정,
사회문제론, 복지국가론, 지역사회복지론

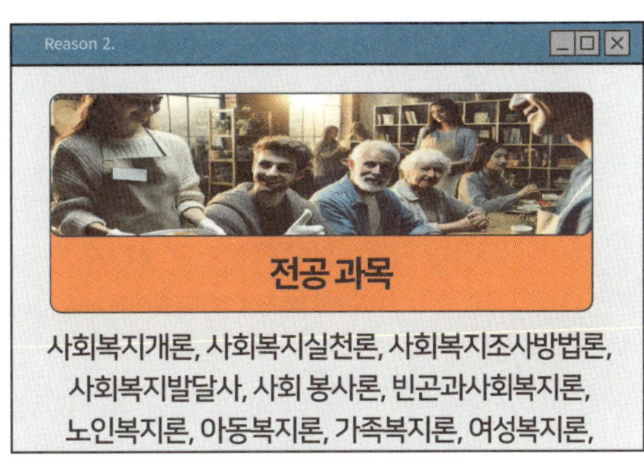

전공 과목

사회복지개론, 사회복지실천론, 사회복지조사방법론,
사회복지발달사, 사회 봉사론, 빈곤과사회복지론,
노인복지론, 아동복지론, 가족복지론, 여성복지론,

졸업 후 진로

상담전문가, 임상심리사 등

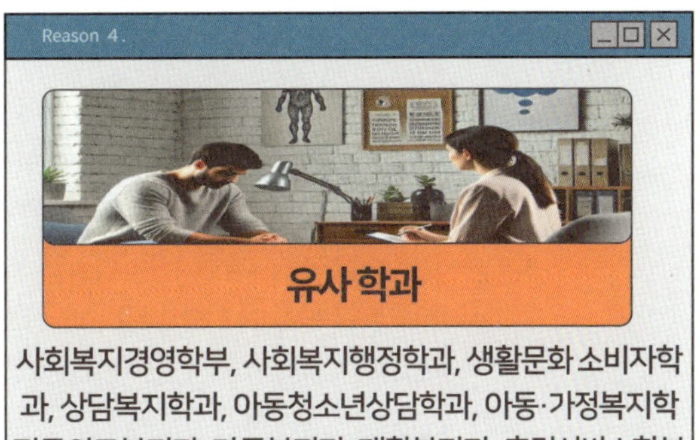

유사 학과

사회복지경영학부, 사회복지행정학과, 생활문화 소비자학과, 상담복지학과, 아동청소년상담학과, 아동·가정복지학전공의료복지과, 가족복지과, 재활복지과, 휴먼서비스학부

생기부 세특 키워드

노인복지론, 디지털사회복지론, 복지국가의 이해, 빈곤론, 사회문화론, 사회보장론, 사회복지 윤리와 철학, 사회복지개론, 사회복지국가론, 사회복지역사, 사회복지자료분석론, 사회복지정책, 사회복지조사, 사회복지행정, 사회복지현장실습, 산업복지론, 아동복지론, 여성복지론, 의료사회복지, 인간행동과 사회환경,장애인복지론, 정신건강사회복지론, 지역사회복지론, 청소년복지론

생기부 추천 도서

- 제러미 리프킨『노동의 종말』
- 정무권『한국 복지국가 성격 논쟁』
- 박상철『한국의 백세인』
- 존 롤즈『정의론』
- 폴 피어슨『복지국가는 해체되는가』
- 마이클 샌델『정의란 무엇인가』
- 조은『현대가족 이야기』
- G 에스핑 앤더슨『복지체제의 위기와 대응』
- 김세진 외『사회복지가 말하는 사회복지사』
- 이홍직『사회복지사를 꿈꾸는 그대에게』
- 루이즈 애런슨『나이듦에 관하여』
- 힐러리 코텀『래디컬 헬프:돌봄 과 복지제도의 근본적 전환새창』
- 장지글러『왜 세계의 절반은 굶주리는가?』
- 백경학 외『누구나 일하고 싶은 농장을 만듭니다』

사회학과 알아보기

사회 구조, 문화, 인간 상호작용 등을 연구하는 학문으로, 해결책을 제시하는 능력을 배양하는

사회학과

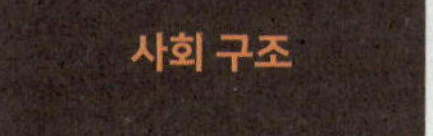

우리 주변에서 일어나는 크고 작은 사회 현상에 대한 분석과 연구를 통해 현대 사회의 문제를 해결할 수 있는 지식과 안목을 갖춘 전문 인력을 양성하는 학과

Reason 1. ☐☐✕

주요 학습 내용

사회변동론, 사회발전론

Reason 2. ☐☐✕

전공 과목

사회학개론, 사회학사, 사회사상사, 사회학방법론, 사회통계학, 정치사회학, 경제사회학, 문화사회학, 교육사회학, 종교사회학, 조직사회학, 비교사회학, 예술사회학

Reason 3. ☐☐✕

졸업 후 진로

정부 및 공공기관: 정보사회진흥원, 정보문화진흥원)
기업체: 여론조사 및 시장 조사기업, 방송사, 광고기획사
연구소: 사회조사연구소, 사회여론연구소, 사회정책연구소

Reason 4. ☐☐✕

유사 학과

사회생활학과, 도시사회학과, 정보사회학과, 사회언론정보학부, NGO학과, 공공사회학전공, 도시사회학·국제도시개발학전공, 공공사회·통일외교학부 등

생기부 세특 키워드

경제사회학, 계산사회과학, 고전사회학, 과학기술사회학, 남북관계와 통일의 전망, 도시사회학, 동아시아 사회, 문학사회학, 미래사회학, 민족사회학, 범죄사회학, 사회계층과 불평등, 사회발전론, 사회연구를 위한 데이터과학, 사회운동론, 사회정책론, 사회조사방법, 사회조직론, 사회학사, 성과 사회, 역사사회학, 이주사회학, 인구변동과 고령화사회, 인권, NGO, 세계 시민사회, 정치사회학, 젠더와 범죄, 종교사회학, 지식사회학, 한국사회사, 현대사회학, 환경과 생태의 사회학

생기부 추천 도서

- 제인 제이콥스 『미국 대도시의 죽음과 삶』
- 앤서니 기든스 『사회학의 핵심 개념들』
- 장택원 『세상에서 가장 쉬운 사회조사 방법론』
- 구정화 『청소년을 위한 사회학 에세이』
- 앤서니 기든스 『현대사회학』
- 비판사회학회 『사회학 비판적 사회읽기』
- 다케우치 요우 『세계명저 사회학 30선』
- 피터 L. 버거 『사회학으로의 초대』
- 장 자크 루소 『사회계약론』
- 조세희 『난장이가 쏘아올린 작은 공』
- 조지오웰 『동물농장』
- 막스 베버 『프로테스탄티즘의 윤리와 자본주의 정신』

세무회계학과 알아보기

재무 정보를 분석하고 세무 전략을
설계하는 전문가를 양성하는

세무회계학과

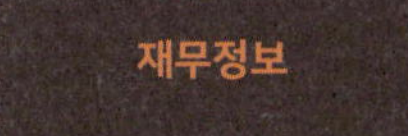

기업의 현제 상황을 점검하고 진단하여

미래의 예측능력을 부여하는 유능학

세무회계 실무자를 양성하는 학과

Reason 1.

주요 학습 내용

세법총론, 세무회계, 재무회계, 회사법, 재무회계세미나

Reason 2.

전공 과목

경영학원론, 경제학원론, 세무학개론, 경영통계, 회계원리, 조세행정론, 세무행정론, 고급회계, 회계감사, 재무재표분석, 고급회계감사, 세무회계연습, 외계학특강

Reason 3.

졸업 후 진로

관세사, 관세행정사무원, 금융관리자, 무역사무원, 사회계열교수, 선물거래중개인, 세무사, 신용추심원, 회계사, 조세투자분석가(애널리스트)

Reason 4.

유사 학과

협동조합금융학과, 회계세무전공, 세무·회계학전공, 부동산·세무경영학과, 회계세무학과, 회계세무행정학과, 회계재무학전공, 수학·금융학과 등

생기부 세특 키워드

ESG 경영과 재무보고, 가치평가론, 경영통계학, 경영학원론, 고급회계, 관리회계, 생산운영관리, 세무관리, 세무회계, 세법총론, 유가증권법, 재무제표분석, 재무회계, 정부회계, 지방세개론, 책임경영, 회계감사, 회계원리, 회계이론, 회계정보애널리틱스, 회계학, 회사법

생기부 추천 도서

- 유관희『회계학 리스타트,』
- 정명환 외『간편 회계 가이드』
- 최인호『상도』
- 정현석『재미있는 회계여행』
- 류성현『국세청이 당신에게 알려주지 않는 세금의 진실』
- 엘리 골드렛 외『더골』
- 서형석 외『아무도 말해주지 않는 상속세 이야기』

정치외교학과 알아보기

정치외교 분야에서 활동할 수 있는
전문 인력을 양성하는

정치외교학과

정치권력 ➕ 국제관계

정치 현상과 국제 관계를 분석하고 이해하는 학문을
탐구하고, 국내외 정치, 외교, 국제기구 등에 관심
있는 학생에게 적합한 전공

Reason 1.

주요 학습 내용

정치이론, 비교정치, 국제정치, 외교정책 등을 중심으로
국내외 정치 현상을 분석하는 방법

Reason 2.

전공 과목

정치학개론, 국제정치학개론, 외교론, 국제관계론, 비교정
치론, 근대국제정치사, 한국정치론, 한국외교사, 정치학방
법론, 한국정치사상, 국제정치사상, 동양정치사상

Reason 3.

졸업 후 진로

정부공공기관: 중앙정부 및 지방자치단체 국제통상직
기업체: 언론사, 방송사, 신문사, 정치문화연구소,
사회정책연구소, 국제협상전략연구소

Reason 4.

유사 학과

정치외교학부, 국제학과, 외교학과, 정치행정학과, 언더우
드정치외교학전공, 국방안보학과, 국가안보학과, 정치행정
경찰학부, 외교통상학부, 정치언론안보학과

생기부 세특 키워드

개인의 자유와 국가적 개입, 공공외교의 이해, 일반사회, 국제관계이론실제, 국제기구의 이해, 국제분쟁과 평화, 국제정치경제론, 국제정치론, 국제협상과 협력, 남북한관계와 통일, 내전과 정치폭력, 데이터를 통해 본 정치, 동아시화국제관계, 디아스포라정치론, 러시아정치론, 무역과 정치, 미국정치론, 북한정치론, 비교정치론, 사회적갈등과 정치, 서양정치사상, 시민참여의 정치, 외교론, 유럽정치론, 인터넷과 정치, 일본정치론, 정치지도자론

생기부 추천 도서

- 마이클 샌델『정의란 무엇인가』
- 한국정치학회『정치학 이해의 길잡이』
- 아리스토텔레스『정치학』
- 공훈의 김행『소셜로 정치하라』
-알렉시스 드 토크빌『미국의 민주주의』
-존 스튜어트 밀『자유론』
- 막스 베버『프로테스탄티즘의 윤리와 자본주의 정신』
- 존 로크『통치론』, 플라톤『국가』
- 이황『퇴계문선] ,이이『율곡문선』
- 장 지글러『왜 세계의 절반은 굶주리는가』
- 해리슨 E.솔즈베리『새로운 황제들』
- 버나드 마넹『선거는 민주적인가』

행정학과 알아보기

세계화, 정보화, 지방화, 민영화 추세에 적절히 대응하여 정치, 행정에 대한 과학적인 지식과 기술을 연마함으로써 장차 유능한 행정가 내지 학자를 양성하는

행정학과

공공정책 ➕ 행정관리

정부와 공공기관의 조직 운영, 정책 수립 및 집행 과정을 체계적으로 배우는 학문입니다. 공공의 이익을 실현하기 위한 효과적인 행정 운영과 정책 분석 능력을 기른다.

주요 학습 내용

행정개혁론, 행정과 조직형태, 행정법개론, 행정 윤리

전공 과목

행정학개론, 행정사, 행정철학, 조직론, 정책학, 행정조사방법론, 사회통계, 국제행정, 노동행정, 도시행정, 보건행정, 복지행정, 비교발전행정, 인사행정, 재무행정, 지방행정

졸업 후 진로

정부 공공기관: 중앙정부 및 지방자치단체 일반행정직
기업체: 언론사, 방송사, 신문사, 대학행정실, 병원원무과 등
연구소: 지방행정연구소, 공공행정연구소, 자치행정연구소

유사 학과

공공정책학부, 공공인재학부, 법행정학부, 행정정책학부, 소방행정학과, 정책학과, 해양행정학과, 경찰·법·행정학과, 국제무역행정학과, 자치행정학과, 도시행정학과

생기부 세특 키워드

갈등관리와 협상, 공공관리, 공공부문의 경제적·양적 분석, 공공정책형성, 공공철학과 윤리, 공공행정과 민주적 거버넌스, 과학기술정책, 국가디자인론, 기계학습과 행정혁신, 도시계획론, 디지털기술과 데이터기반 정부, 민주주의와 행정, 복지국가론, 비교정부, 사회정책, 소수자정책, 예산과 재무관리, 위험사회와 정책, 인사행정, 정부관료제, 정부부패, 정부와 시민사회, 정부와 시장, 정책기획론, 정책사례분석, 정책평가론, 조직이론, 지역개발론

생기부 추천 도서

- 정약용 『목민심서』
- 유시민 『국가란 무엇인가』
- 마이클 샌델 『정의란 무엇인가』
- 요차이 벤클러 『펭귄과 리바이어던』
- 권기헌 『행정학 콘서트』
- 김태일 『국가는 내 돈을 어떻게 쓰는가』
- 막스 베버 『프로테스탄티즘의 윤리와 자본주의 정신』
- 장 자크 루소 『사회 계약론』
- 피터 코닝 『공정사회란 무엇인가』
- 이종범 『전환시대의 행정가』
- 방진섭 외 『행정도 과학이다』

호텔경영학과 알아보기

호텔경영 전반에 관한 전문적인 지식과 실무 교육, 외국어 교육을 통해 관광 산업 및 호텔 산업을 성장시킬 미래의 전문가를 양성하는

호텔경영학과

서비스(Service) ➕ **글로벌(Global)**

고객 만족을 위한 서비스 품질 관리, 마케팅, 인사·재무 관리 등 다양한 경영 이론을 학습하고,

실습과 인턴십을 통해 현장 경험을 쌓고,

글로벌 역량 강화를 위한 외국어 교육도 중시한다.

Reason 1.

주요 학습 내용

호텔경영이론, 서비스 마케팅, 외식 및 식음료 경영, 관광산업 이해, 객실 운영 및 프런트 업무

Reason 2.

전공 과목

호텔경영학개론, 관광학원론, 경영학원론, 관광조사방법론, 관광영어, 관광일어, 호텔관광서비스론, 호텔식음료관리론, 호텔소비자행동론, 호텔식음료관리론

Reason 3.

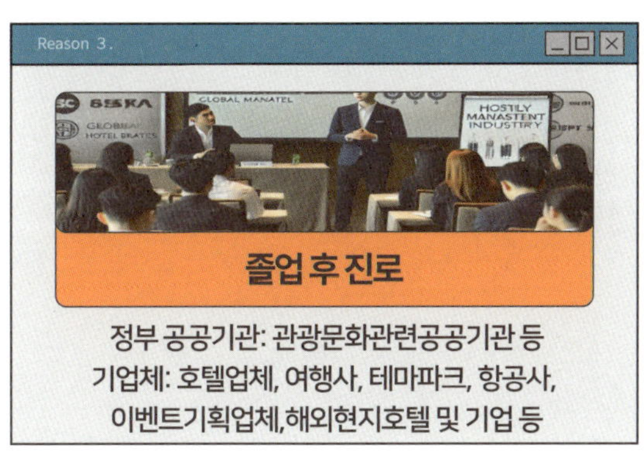

졸업 후 진로

정부 공공기관: 관광문화관련공공기관 등
기업체: 호텔업체, 여행사, 테마파크, 항공사, 이벤트기획업체, 해외현지호텔 및 기업 등

Reason 4.

유사 학과

호텔관광경영학과, 호텔관광학부, 관광개발학과, 호텔관광외식경영학과, Hospitality경영학부, 호텔컨벤션학전공, 관광경영학과, 문화관광학과, 외식경영학과

생기부 세특 키워드

경영론, 경영정보시스템, 경영케이스스터디, 경영통계학, 경영협상론, 관광개발론, 관광상품개발론, 관광정책론, 관광학원론, 국제관광론, 데이터의 이해, 디지털마케팅, 마케팅원론, 마케팅조사론, 브랜드경영론, 비지니스커뮤니케이션, 수익경영, 원가관리, 인적자원관리, 재무관리, 전략경영론, 정보기술활용, 창업론, 호텔경영론, 호텔광고홍보론, 회계원리

생기부 추천 도서

- 하야시다 마사미쓰 『전설적인 호텔리어의 NO라고 말하지 않는 서비스』.
- 김경호 『품격을 높이는 이미지메이킹』
- 신영복 『처음처럼』
- 권성애 『나도 호텔리어가 될 수 있다』
- 리처드 탈러, 캐스 선스타인 『넛지』
- 로버트 치알디니 『설득의 심리학』
- 장영재 『경영학 콘서트』
- 알랭 드 보통 『여행의 기술』
- 한비야 『지도 밖으로 행군하라』
- 고경록 『슬기로운 호텔리어 생활 100』

자연 계열

대기과학과 알아보기

대기과학 및 환경 문제에 대한 전문 지식과
자질을 갖춘 인재를 양성하는

대기과학과

기후변화(Climate Change)	➕	농업생물자원 (Agricultural Bio-resources)

지구와 다른 행성들의 대기에서 일어나는

제 현상들을 응용하는 학문

Reason 1.

주요 학습 내용

기상학, 기후학, 대기역학, 대기물리학

Reason 2.

전공 과목

대기환경과학개론, 대기열역학, 대기오염개론, 대기관측
대기관측및분석실험, 대기화학, 물리기상학, 대기과학자료처
리, 수리대기과학, 기후학, 대기유체역학, 대기오염 기상학

Reason 3.

졸업 후 진로

연구 분야: 기상연구원 등 / 서비스 분야: 일기예보관 등
기술 분야: 기상컨설턴트, 대기환경기술자, 운항관리사,
환경공학기술자 등

Reason 4.

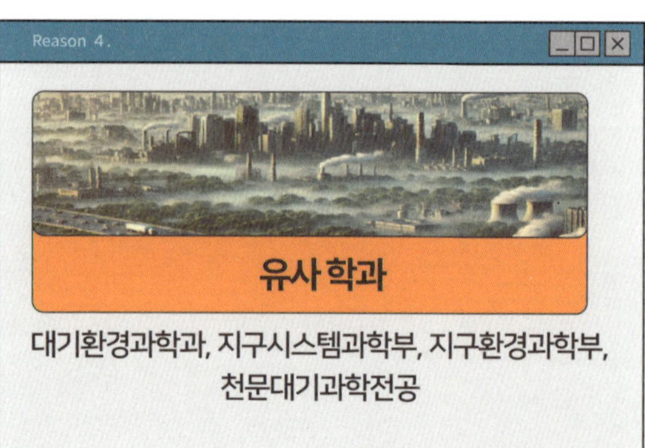

유사 학과

대기환경과학과, 지구시스템과학부, 지구환경과학부,
천문대기과학전공

생기부 세특 키워드

광물과 암석, 구조지질학, 기초유체역학, 기후역학, 기후학개론, 대기과학, 대기관측, 대기물리, 대기분석, 대기수치모델링, 대기역학, 대기열역학, 대기탐사, 대기화학, 물리해양학, 미기상학개론, 미생물해양학, 바다과학기행, 생물해양학, 수리지구환경, 암석학, 야외지질, 연안해양역학, 예보학, 위성기상기후학, 인간과 지구환경, 인공위성지구물리, 자연재해, 자원지질학, 조석과 파랑, 중층대기, 지구과학계산과 프로그래밍, 지구물리, 지구생물학, 지구시스템과학, 지구환경변화

생기부 추천 도서

- 김동환『오늘도 미세먼지 나쁨]』
- 클라우드 토퍼『청소년을 위한 환경교과서』
- 와다 다케시 외『함께 모여 기후변화를 말하다』
- 유진 하그로브『환경윤리학』
- 최원형『10대와 통하는 환경과 생태 이야기』
- 모집 라티프『기후의 역습』
- 존 린치『길들여지지 않은 날씨』
- 레이첼 카슨『침묵의 봄』
- 이승은, 고문헌『기후변화와 환경의 미래』
- 이광식『천문학 콘서트』
- 리처드 포티『살아 있는 지구의 역사』
- 이광식『십대, 별과 우주를 사색해야 하는 이유』
- 이석영『모든 사람을 위한 빅뱅 우주론 강의』
- 윤성철『우리는 모두 별에서 왔다』
- 칼세이건『코스모스』

물리학과 알아보기

첨단과학 기술산업에 적용할 수 있는
전문 인재를 양성하는

물리학과

자연 법칙 탐구 ＋ **수리적 분석**

우리 주위에서 일어나는 모든 자연 현상들의
법칙을 연구하는 학문으로, 광범위한
자연과학에 대한 지식을 습득하는 학과

Reason 1.

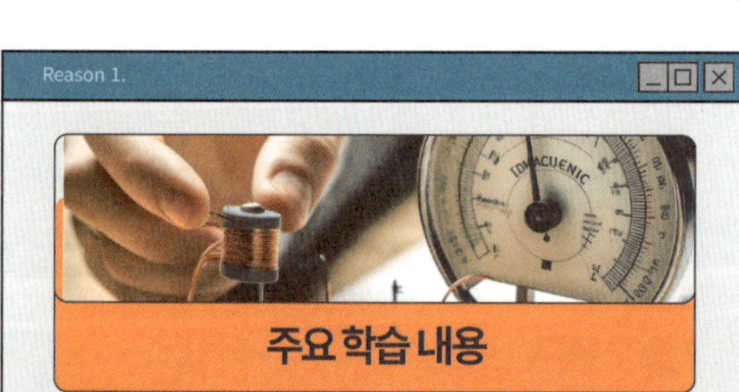

주요 학습 내용

고전역학개론 및 연습, 전기자기학 개론 및 연습,
양자물리학개론 및 연습, 열 및 통계물리학, 전자공학

Reason 2.

전공 과목

물리학 및 실험, 나노과학입문, 현대물리학실험, 고전역학
특론, 수리물리학, 현대물리학, 전기자기학특론, 전산물리
학, 전자공학실험, 상대론과 우주, 양자물리학특론

Reason 3.

졸업 후 진로

연구 분야: 전자통신연구소, 국방과학연구소, 표준과학연구소
기업체 분야: 전기전자, 반도체, 신소재, 광학, 컴퓨터, 재료,
방사선, 항국, 원자력 등 관련 기업체 등

Reason 4.

유사 학과

나노전자물리학과, 응용물리학전공, 과학기술학부, 신소재
물리학과, 응용과학부, 전자물리학과, 응용물리전자학과,
물리천문학부, 물질과학화군, 물리 및 에너지학부

생기부 세특 키워드

고체의 성질, 기초물리학, 전자기학, 물리수학, 물리연구, 물리학, 물리학과 신기술, 물리학실험, 물리학의 개념과 역사, 미시세계와 거시세계, 상대론과 시공간, 생물계 물리입문, 양자개념과 인류문명, 양자물리, 에너지, 역학, 열과 통계물리, 유체역학, 응집물질과 집단현상, 인문사회계를 위한 물리학, 전기와 자기, 전산물리, 전자기파와 광학, 핵과 기본입자, 현대물리학의 기초

생기부 추천 도서

- 브라이언 그린『엘리건트 유니버스』
- Paul G. Hewitt『수학없는 물리』
- 권기균『세상을 바꾼 과학 이야기』
- 김희준『철학적 질문 과학적 대답』
- 리처드 파인만『파인만 씨 농담도 잘하시네』
- 최무영『최무영 교수의 물리학 강의』
- 리처드 파인만『파인만의 여섯가지 물리 이야기』
- 미치오 카쿠『미래의 물리학』
- 데이비드 안들리『불확정성 : 양자물리학 혁명의 연대기 그리고 과학의 영혼을 찾아서』
- 해리 파커『상대적으로 쉬운 상대성 이론』
- 동아사이언스『청소년이 꼭 알아야 할 과학 이슈 11』
- 월터 르윈『나의 행복한 물리학 특강』

생명과학과 알아보기

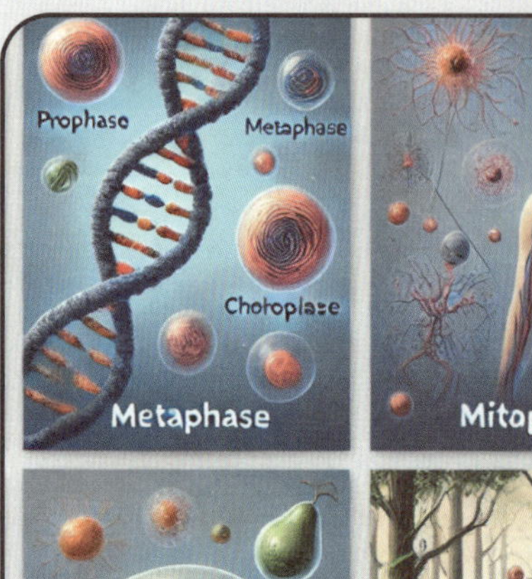

생명체를 연구대상으로 하여
생명원리와 응용방법을 연구하는

생명과학과

생명 현상 이해 ➕ 분자·세포 연구

생명과학 관련 산업 현장 및 연구 분야에
종사할 전문 인재를 양성하는 학과임

Reason 1. _ □ X

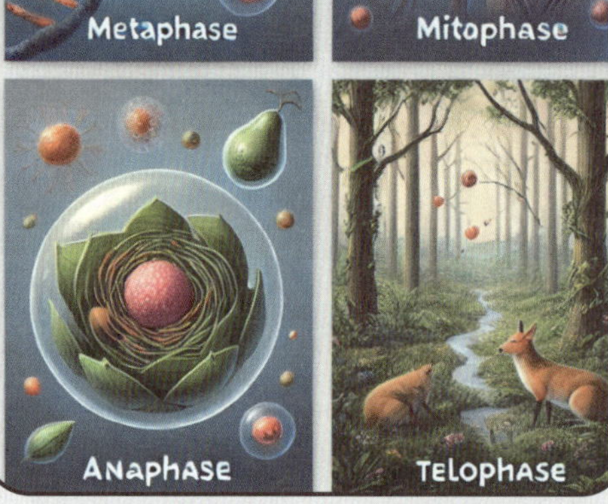

주요 학습 내용

유전학, 생화학, 생물학야외실습, 생물다양성과 환경,
세포생물학, 분자생물학, 생명과학학위논문연구

Reason 2. _ □ X

전공 과목

수학 및 연습, 고급수학 및 연습, 생명과학을 위한 수학, 생명
과학전공실험, 미생물학, 동물생리학, 생물물리학, 발생생
물학, 면역학, 생태학, 식물생리학, 진화생물학, 바이러스학

Reason 3. _ □ X

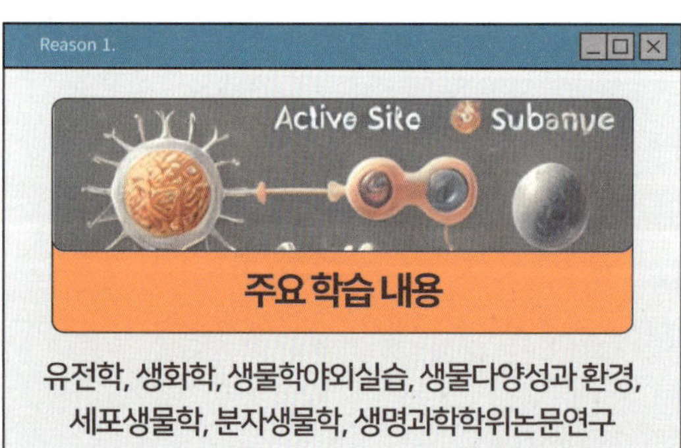

졸업 후 진로

연구 분야: 약품연구원, 생명과학시험원, 생물학연구원 등
기업체 분야: 제약회사, 대학병원, 생명공학업체 등
정부 및 공공기관: 정부의생명과학 및 의약학 부서, 교사 등

Reason 4. _ □ X

유사 학과

줄기세포재생공학과, 생명과학특성학과, 의생명공학과, 생
명산업과학부, 생명나노화학과, 화학생명과학과, 식물생산
과학과, 화학생명환경과학부

생기부 세특 키워드

계통분류학, 동물생리학, 동물행동학개론, 면역학, 미생물학, 바이러스학, 발생생물학, 분자생물학, 생물공학, 생물다양성과 환경, 생물물리학, 생물분류학, 생물정보학개론, 생물학실험, 생태학, 생화학, 세포생물학, 시스템신경과학, 시스템생물, 식물과 기후, 식물생리학, 신경생물학, 유전공학개론, 유전학, 조직세포학, 진화생물학, 현대생물학, 현대식물학

생기부 추천 도서

- 제임스 왓슨『이중나선』
- 리처드 도킨스『이기적 유전자』
- 제레드 다이아몬드『총 균 쇠』
- 레이첼 키슨『침묵의 봄』
- 콜린 벌크 , 버지니아 보든 마이어『생활 속 생명과학』
- 최재천『인간과 동물』
- 이은희『하리하리의 생물학 카페』
- 권기균『세상을 바꾼 과학 이야기』
- 샐리모건『줄기세포 발견에서 재생의학까지』
- 에드워드 윌슨『통섭(지식의 대통합)』
- 이중원『다윈의 종의 기원』
- 이중원『생명의 진화를 밝힌다』
- 리처드 도킨스『눈먼 시계공』

수의학과 알아보기

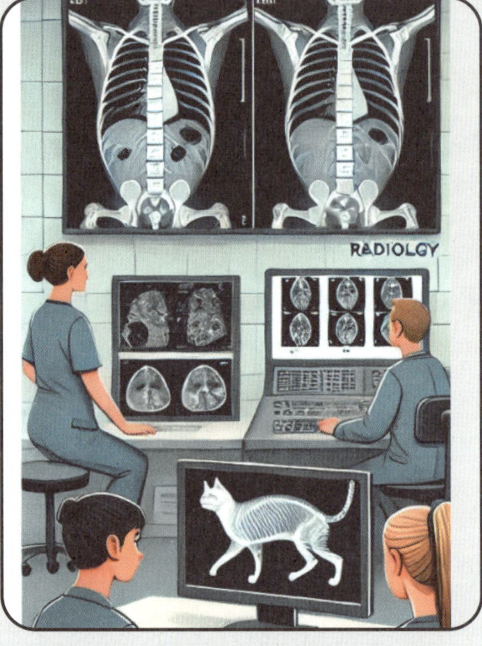

모든 동물의 질병 예방과 치료를 배우는

수의학과

동물의학 **+** 공중보건

동물의 질병 예방과 치료를 배우며 최근 이를 활용하여 인간에게 유익한 의약품 개발이나 첨단생명공학 연구 등 학문의 영역이 확대되어 인류와 동물의 건강과 복지를 위한 전문 수의사를 양정하는 학과

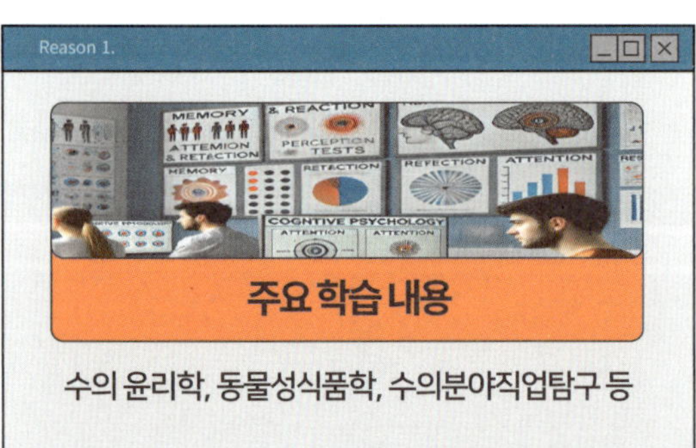

주요 학습 내용

수의 윤리학, 동물성식품학, 수의분야직업탐구 등

전공 과목

수의학용어, 수의학개론, 수의역사학, 동물자원학, 동물유전학, 동물행동학, 동물사양학, 발생공학, 수의병리학, 수의약리학, 수의 전염병·기생충·독성학 및 실험, 환경위생학

졸업 후 진로

연구 분야: 동물 의약품 연구소, 동물생명공학 연구소
기업체 분야: 의약품 생산업체, 동물병원, 동물사료 업체
정부 공공기관 법조 분야: 수의 및 농축산 관련 공공기관 등

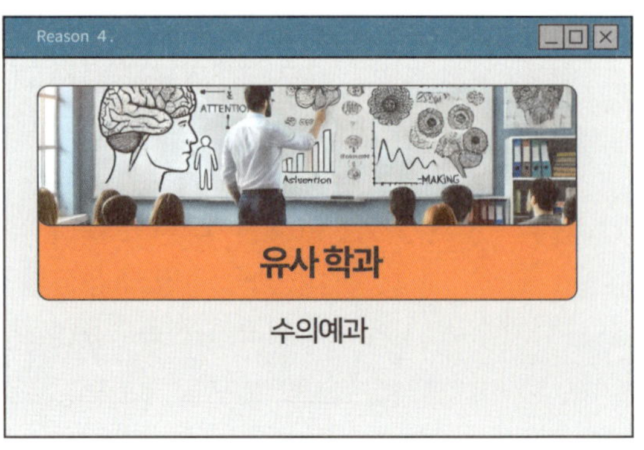

유사 학과

수의예과

생기부 세특 키워드

가금질병학, 수의공중보건학, 수의마취학, 수의발생학, 수의방사선과학, 수의생리학, 수의생화학, 수의야생동물질병학, 수의약리학, 수의영양학, 수의영상의학, 수의응급의학병원, 수의임상병리학, 수의임상종양학, 수의전염병학, 수의조직학, 수의피부과학, 수의해부학

생기부 추천 도서

- 김영찬 외『수의사가 말하는 수의사』
- 박대곤『유쾌한 수의사의 동물병원 24시』
- 정동욱『정 동물병원의 하루』
- 충북대학교 수의학교 재편찬위원회『미리 가보는 수의학교실』
- 행복을 전하는 개 이야기『제임스 헤리엇』
- 최재천『최재천의 인간과 동물』
- 전북대학교 수의과대학 야생동물의학실『야생동물변원 24기』
-피터 싱어 외『동물의 권리』
- 김웅진『생물학 이야기』
- 제인 구달『인간의 위대한 스승들』
- 고디바 사예『유기동물에 관한 슬픈 보고서』

수학과 알아보기

인류사회의 발전을 위하여 수학과 관련된
어떠한 분야에서도 능동적으로 일할 수 있는
미래의 인재를 양성하는

수학과

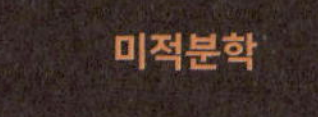

+

수학을 통해 수리력, 추리력, 분석적인 사고능력,
엄격한 논리체계 및 사물을 인식하고 이해하는 방법
을 배워 자연과학, 공학, 인문학, 사회과학에 이르기
까지 광범위하게 응용하는 학문

Reason 1.

주요 학습 내용

수학의 언어와 패턴의 과학, 인문사회학을 위한 수학,
응용미적분학, 우리수학사와 현대수학

Reason 2.

전공 과목

미적분학, 기초수학과 미적분학과 행렬, 수리학과의 방법론,
집합론, 이산수학, 해석학, 선형대수, 정수론, 기하학개론,
미분방정식론, 대수학, 미분기하학, 위상수학

Reason 3.

졸업 후 진로

연구 분야: 수학관련 연구소, 기초 과학 지원 연구소 등
기업체 분야: 보험회사, 증권회사, 은행, 정보통신 기술업
체, 정보처리업체, 리서치업체, 기업체의 전산 통계실 등

Reason 4.

유사 학과

수리과학부, 정보수학과, 수학정보통계학부, 수리물리과학
부, 수리과학과, 응용수학과, 정보수리과학과, 금융정보공학
과, 데이터계산과학과, 수리통계정보과학부, 전산수학전공

생기부 세특 키워드

그래프이론, 금융수학, 기하학개론, 대수학, 물리학, 미분기하학, 미분방정식, 미적분학, 백터해석, 복소해석학, 산업수학, 생물학, 선형대수학, 수리통계학, 수치해석, 실해석학, 위상수학, 응용수학, 정수론, 조합 및 그래프 이론, 통계학, 해석학, 현대대수학, 화학, 확률론, 확률및통계

생기부 추천 도서

- 마틴 데이비스『수학자, 컴퓨터를 만들다』
- 박부성『천재들의 수학노트』
- 콘스탄스 리드『현대 수학의 아버지 힐베르트』
- 히로나카 헤이스케『학문의 즐거움』
- 사이먼 싱『페르마의 마지막 정리』
- 다나 매켄지『세상을 바꾼 방정식 이야기』
- 모리스 클라인『수학 문명을 지배하다』
- 김홍종『문명, 수학의 필하모니』
- 정완상, 더글라스 다우닝『이야기로 아주 쉽게 배우는 수학시리즈』
- 레오나르도 믈로디노프『춤추는 술고래의 수학이야기』

원예학과 알아보기

원예 작물의 재배, 생산과 더불어 원예 산물의 가공 및 활용, 생명공학기술의 적용 및 이용 등에 관한 연구를 수행하는

원예학과

합리적인 지식의 탐구와 체계적인 교육을 통하여 사회에 기여 할 수 있는 창조적 원예 전문 지식인을 양성하는 학과 임.

Reason 1. _ □ ×

주요 학습 내용

생물유기화학, 식물유전학, 식물환경생리학 및 실험, 환경생태학, 환경화훼학 및 실습

Reason 2. _ □ ×

전공 과목

환경원예학개론, 도시수목학, 도시원예학, 생물자원학, 도시녹화학, 식물병리학, 식물분자생물학, 실험통계학, 토양학, 환경생화학, 시설원예공학, 식물재배학, 원예미학, 농양학

Reason 3. _ □ ×

졸업 후 진로

연구직: 생명과학시험원, 임학연구원
건설 관련: 조경기술자, 측량 및 지리정보기술자 등
농림어업 관련: 조경원(원예사 포함), 조림·영림 및 벌목원

Reason 4. _ □ ×

유사 학과

사회원예학전공, 산림과학부, 산림조경학과, 산림환경시스템학과, 식물생산과학부(원예생명공학전공), 원예생명공학과, 임산생명공학과, 환경디자인원예학과, 환경원예학과

생기부 세특 키워드

과수학, 농산업경영학, 농약학, 농버경제학개론, 농업기상학, 분서고하학, 분자생물학, 생화학, 수확물생리학, 시설원예학, 식물공장생산학, 식물대사산물학, 식물병리학, 식물분류학, 식물생산과학, 식물생장발달학, 식물세포생물학, 식물조직배양학, 식물해부형태학, 실험통계학, 약용식물학, 원예생명공학, 원예작물생리학, 원예작물육종학, 원예작물품질학, 유기화학, 유전학, 일반미생물학, 작물생태학, 조경식물학, 종묘생산학, 채소학, 화훼학

생기부 추천 도서

- 농촌진흥청『6차 산업이야기』
- 남상일『농업은 미래성장 산업인가』
- 제롬 글렌『세계미래보고서 2055』
- 농촌진흥청 국립원예특작과학원『숨어있는 채소·과일의 매력』
- 박영숙『유엔미래보고서 2050』
- 호프 자런『랩 걸』
- 에피스테메『생활 속 원예이야기』
- 신영복『나무야 나무야』
- 김용규『숲에게 길을 묻다』
- 신디 엘겔『살아있는 야생』
- 크리스티안 퀴헬리『희망의 숲』
- 장 지오노『나무를 심은 사람』
- 이영득『숲에서 놀다』

조경학과 알아보기

우리가 살아가고 있는환경을 아름답고 쓸모있고 건강하게 만들고 가꾸는

조경학과

| 가축생명과학(Livestock Life Science) |  | 축산자원관리(Animal Resource Management) |

조경이란 작게는 주택 정원, 도시광장으로부터 크게는 전 국토에 이르는 광범위한 옥외 공간의 계획, 설계,시공, 감리 및 관리 능력을 배양 시키는 학과

주요 학습 내용

경관론, 조경사, 통합환경설계론, 환경생태학, 관광여가계획, 조경구조학, 조경적산

전공 과목

조경학개론, 수목학, 컴퓨터기초설계, 수목과 식재, 조경재료, 도시계획 및 설계론, 생태복원공학, 실내 조경론, 조경실무연습, 공원 및 오픈스페이스 설계 등

졸업 후 진로

도시계획가, 자연환경안내원, 조경기술자, 조경연구원, 측량사, 환경공학기술자, 환경공학 시험원, 환경영향평가원, 환경컨설턴드 등

유사 학과

녹지조경학과, 산림과학 조경학부, 산림조경학과, 생태조경디자인학과, 원예생명조경학과, 조경지역시스템공학부, 환경조경디자인과 등

생기부 세특 키워드

GIS와 계량분석, 경관생태학, 공간디자인, 공원녹지계획, 그린지역계획론, 농촌지리정보시스템과 원격탐사, 도시조경론, 문화경관론, 생물환경조절공학, 서양조경의 역사와 이론, 수리학, 응용공학수학, 재료역학, 정역학, 조경계획, 조경공학, 조경드로잉, 조경미학, 조경생태분석, 조경식물재료학, 조경재료 및 시공, 조경적산 및 경영분석, 조경지역지스템공학개론, 조경컴퓨터그래픽, 지속가능환경계획론, 지역개발관리공학, 철근콘크리트공학, 측량학, 환경복원계획, 환경유체역학

생기부 추천 도서

- 빌 브라이슨 『거의 모든 것의 역사』
- 우종영 『나는 나무처럼 살고 싶다』
- 고규홍 『나무가 말하였네 1,2』
- 한국조경학회 『조경설계론』
- 염승빈 『조경이 만드는 도시』
- 레이첼 카슨 『침묵의 봄』
- 환경과 조경 『환경과 조경』
- 허균 『한국의 정원 선비가 거닐던 세계』
- 진영교 『건축의 바깥, 조경이 만드는 외부공간 이야기』
- 고재경 『녹색 도시를 꿈꾸는 저탄소 사회 전략』
- 안영희 『조경생태학』
- 노엘 킹습제리 『원예식재와 조경』

수학과 물리학 지식을 바탕으로 우주를 구성하는 태양계, 성운, 성단, 우리 은하와 외부 은하에서 일어나는 현상들을 관측하고, 지구와 태양계의 운동, 별의 일생, 은하의 구조와 특성, 우주의 생성과 진화를 연구하는 학과

천문학과

수학 + **물리학**

우주와 그 안에 존재하는 모든 천체—별, 행성, 은하, 블랙홀, 우주배경복사 등을 연구하는 학문입니다. 자연과학 중 하나이며, 물리학, 수학, 그리고 최근에는 컴퓨터 과학과도 밀접하게 연관되어 있어요.

Reason 1.

천체관측법, 우주동력학, 합성진화론, 은하와 우주

Reason 2.

천문우주학개론, 기초 천체물리학, 과학영상처리론, 천문관측기기와 응용, 우주비행학, 천체물리학, 천문계산법, 인공위성시스템, 우주론, 전파천무학 등

Reason 3.

방송관련: 기상캐스터, 방송/사진/신문/편지/촬영기자
사회과학연구 관련: 기후변화전문가, 천문 및 기상학연구원
환경·인쇄·목재·가구·공예 및 생산단순: 환경공학기술자 등

Reason 4.

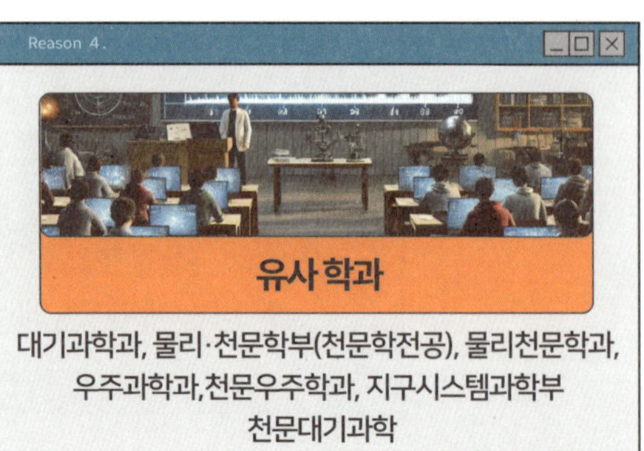

대기과학과, 물리·천문학부(천문학전공), 물리천문학과, 우주과학과, 천문우주학과, 지구시스템과학부 천문대기과학

생기부 세특 키워드

개인천문연구, 물리학, 미적분학, 양자물리, 역학, 외계행성과 생명, 우주의 진화, 우주환경, 은하, 전기와 자기, 전산천문학, 천문관측, 천문기기개론, 천문학, 천체물리학, 태양계천문학, 항성과 항성계, 항성대기개론, 현대우주론

생기부 추천 도서

- 김진호 『좌표평면위의, 고지가 허물어지기』
- 이토 준과와 울트라도미스 『세상에서 가장 쉬운 통계입문』
- 데자와 유키 『우연과학의 탄생』
- 칼스 앨런 『만약값은 통계다』
- 그레엄 테터스 『과거가 사라진 통계』
- 니시우치 히로무 『데이터를 지배하는 통계의 힘』
- 최지원 『통계의 미학, 조의 베스트 통계가는 이런 걸 가져와』
- 최재천 『통계의 선택, 울트로 스미스 세상에서 가장 재미있는 통계입문』
- 유키 히로시 『프로그래머, 수학으로 생각하라』
- 다비 헬프 『통계의 대용 차원』

통계학과 알아보기

데이터를 수집·분석·해석하여 의사결정에
활용하는 방법을 배우는

통계학과

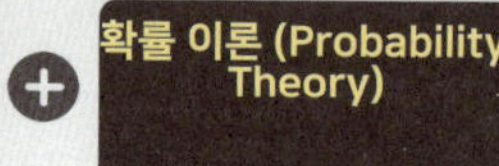

수학적 지식을 바탕으로 자연현상이나 사회현상,

경제현상 또는 특정 집단의 다양한 특성 및 정보를

과학적으로 분석하고 결과를 이끌어 내는 이론과

방법을 연구하는 학과

Reason 1.

주요 학습 내용

통계수학, 회귀분석 및 실습, 금융통계 데이터마이닝
및 실습, 베이지안통계학, 보험통계학, 이산자료분석

Reason 2.

전공 과목

기초확률론, 통계자료처리 및 실습, 통계학, 행렬과 대수,
수리통계학, 응용확률론, 통계데이터구조, 통계조사론, 통
계학특강, 다변령통계학 및 실습, 비모수 통계학

Reason 3.

졸업 후 진로

경영·회계·사무 관련: 경영기획사무원, 통계사무원 등
금융·보험 관련: 금융상품개발원, 보험계리사, 보험사무원
정보 통신 관련: 데이터베이스 개발자 등

Reason 4.

유사 학과

금융정보공학과, 데이터과학전공, 데이터 사이언스학과,
금융경제응용통계학과, 응용통계학전공/수학통계학부,
정보통계학과 등

생기부 세특 키워드

다변량자료분석, 데이터마이닝, 베이즈 통계, 불확실성의 세계와 통계학, 비모수통계, 생명과학을 위한 통계학, 생존자료분석, 수리통계, 시계열분석, 이산자료 분석, 자료분석, 전산통계, 통계계산, 통계적품질관리, 통계학, 표본설계 및 조사, 함수추정의 응용, 확률과정론, 회귀분석

생기부 추천 도서

- 김진호 『괴짜통계학』
- 고지마 히로유기 『세상에서 가장 쉬운 통계학입문』
- 이트후프만 울코트스미스 『세상에서 가장 재미있는 통계학』
- 다케우치 케이 『우연의 과학』
- 찰스 윌런 『벌거벗은 통계학』
- 그레미엄 테테솔 『괴짜가 사랑한 통계학』
- 니시우치 히로우 『빅데이터를 지배하는 통계의 힘』
- 최제호 『통계의 미학』
- 조엘베스트 『통계라는 이름의 거짓말』
- 최재천 『통섭의 식탁』
- 울코드 스미스 『세상에서 가장 재미있는 통계학』
- 유키 히로시 『프로그래머, 수학으로 생각하라』

화학과 알아보기

모든 물질이 화학과 관련되어 있기 때문에 순수학문 중에서 가장 기초가 되며 다양한 분야에 응용 되는

화학과

물질을 구성하고 있는 기본 성분과 고유한 성질 및 구조를 이해하고 이들이 서로 상호작용하여 어떠한 반응이 일어나서 어떻게 변환되는지 등을 연구하는 학문

Reason 1.

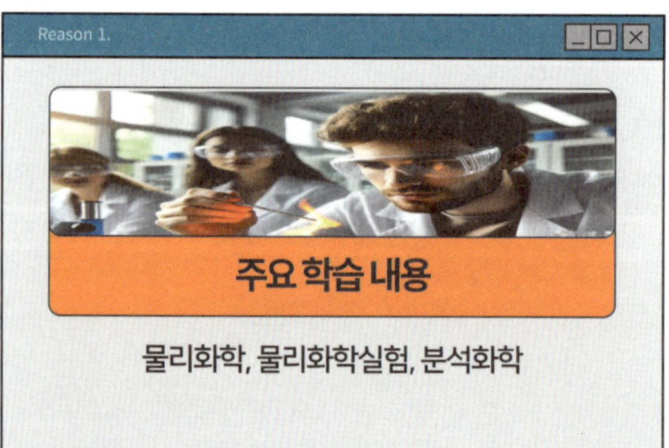

주요 학습 내용

물리화학, 물리화학실험, 분석화학

Reason 2.

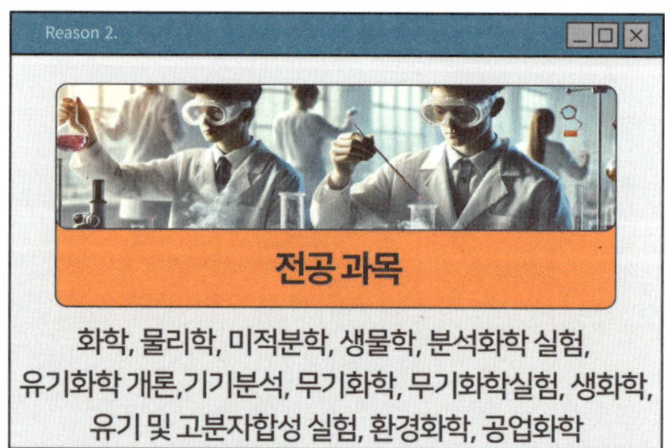

전공 과목

화학, 물리학, 미적분학, 생물학, 분석화학 실험, 유기화학 개론, 기기분석, 무기화학, 무기화학실험, 생화학, 유기 및 고분자합성 실험, 환경화학, 공업화학

Reason 3.

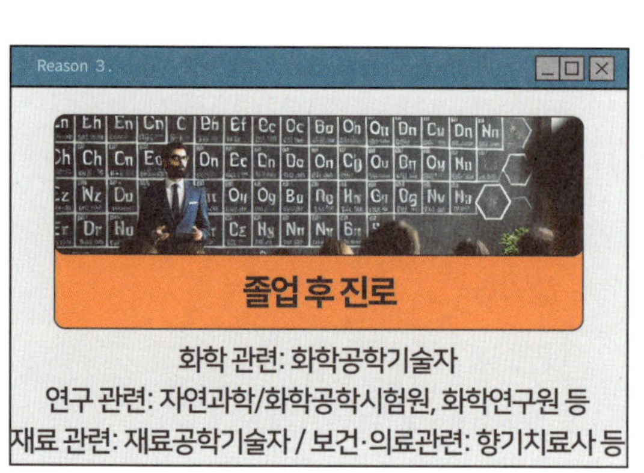

졸업 후 진로

화학 관련: 화학공학기술자
연구 관련: 자연과학/화학공학시험원, 화학연구원 등
재료 관련: 재료공학기술자 / 보건·의료관련: 향기치료사 등

Reason 4.

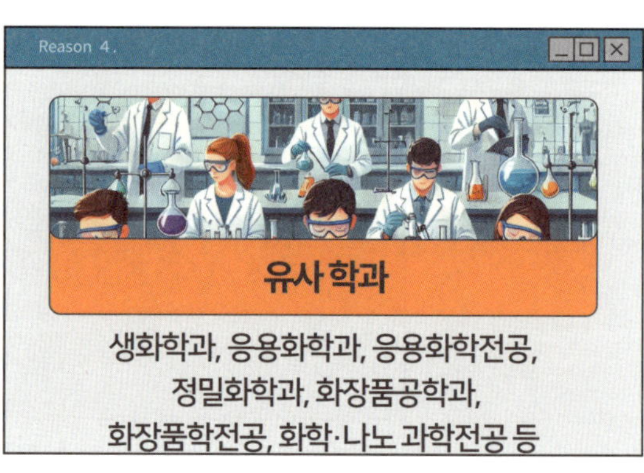

유사 학과

생화학과, 응용화학과, 응용화학전공, 정밀화학과, 화장품공학과, 화장품학전공, 화학·나노 과학전공 등

생기부 세특 키워드

계산화학, 고분자합성, 기기분석, 기초생화학, 나노소재화학, 대사생화학, 무기화학, 물리분석, 물리유기화학, 물리화학, 분석화학, 분자생화학, 분자설계 및 합성, 생화학, 양자화학, 유기무기실험, 유기화학, 재료화학 설계 및 응용, 현대화학, 화학과 AI, 화학생물학입문

생기부 추천 도서

- 사마키 다케오 『재밌어서 밤새 읽는 화학이야기』
- 이광형 『3차원 창의력 개발법』
- 전창림 『미술관에 간 화학자』
- 페니 르 쿠터 『역사를 바꾼 17가지 화학이야기』
- 김희준 『철학적 질문과 과학적 대답』
- 크리스틴 메데페셀 헤르만 『화학으로 이루어진 세상』
- 토머스 S.쿤 『과학혁명의 구조』
- 제레미 리프킨 『엔트로피』
- 제임스 왓슨 『이중나선』
- 레이첼 카슨 『침묵의 봄』
- 서인호 『고교생이 알아야 할 화학 스페셜』
- 문상흡 외 『화학 교과서는 살아있다』

공학 계열

건축공학과 알아보기

안전하고 견고한 건축물을 짓기 위한 방법을 연구하는

건축공학과

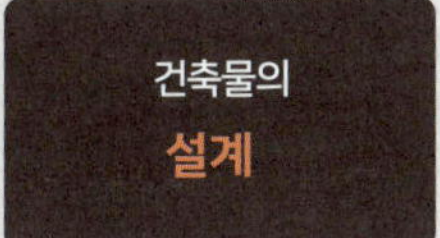

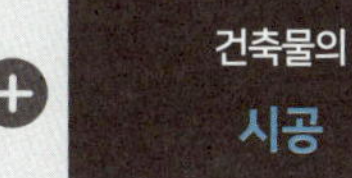

건축공학은 건축물의 설계와 시공 두 가지 분야로 나뉘며 건축물의 구조, 공법, 재료, 역학 등을 공부하며 안전하고 견고한 건축물을 짓기 위한 다양한 방법을 연구하는 학과입니다.

Reason 1.

주요 학습 내용

건축공학개론, 기초공학 설계, 기초물리학 등

Reason 2.

전공 과목

구조역학, 철근콘크리트구조, 강구조 설계, 건축 시공 및 재료 ,재료역학 ,건축구조해석, 건축시공학, 건설관리 일반, 건축설비, 친환경 건축시스템 설계 등

Reason 3.

졸업 후 진로

건축설계 기술자, 건축감리 기술자, 공무원(건축직), 매매주택 연출가, 녹색건축 전문가, 부동산 컨설턴트, 쇼핑몰 디벨로퍼,인테리어 디자이너, BMI 디자이너 등

Reason 4.

유사 학과

건축디자인학과, 건축학부, 건축공학부, 실내건축디자인과,실내건축학과 등

생기부 세특 키워드

강구조설계, 건물에너지설계, 건설관리일반, 건설사업관리, 건축BIM, 건축공법, 건축공사기술응용, 건축공학개론, 건축공학설계, 건축공학응용설계, 건축공학통계응용, 건축공학프로그래밍, 건축구조해석, 건축설비, 건축시공 및 재료, 건축시스템설계, 건축환경계획, 기초건축공학설계, 기초공학설계, 생태건축응용, 연구연수활동, 재료역학, 전산구조해석 및 설계, 철근콘크리트 설계, 초고층 및 특수구조 설계, 친환경건축설계

생기부 추천 도서

- 매튜 프레더릭『건축학교에서 배운 101가지』
- 이창남『뿌리에서 새순까지』
- 김수근『좋은 길은 좁을수록 좋고, 나쁜 길은 넓을수록 좋다』
- 김석철『세계건축기행』
- 권기균『세상을 바꾼 과학 이야기』
- 알랭 드 보통『행복의 건축』
- 장정제『알기 쉬운 건축 이야기』
- 김선규『건축과 교수는 이렇게 집을 짓는다』

건축학과 알아보기

편리하고 효율적인
건축물을 설계하는

건축학과

| 건축물의 **설계** | + | 건축물의 **건축** |

건축물을 설계하고 건축하기 위한 이론과
기술체계를 중심으로 편리하고 효율적인
건축물을 설계하는 것을 연구하는 학과임

Reason 1.

주요 학습 내용

건축구조역학, 건축디지털디자인기초, 건축학개론,
건축 미학, 설계 기초, 표현 기법 등

Reason 2.

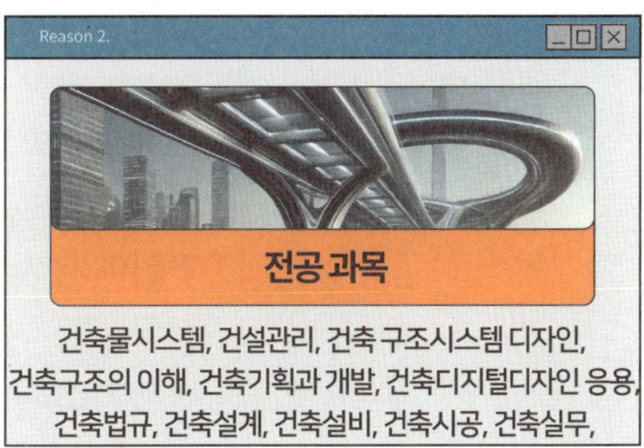

전공 과목

건축물시스템, 건설관리, 건축 구조시스템 디자인,
건축구조의 이해, 건축기획과 개발, 건축디지털디자인 응용,
건축법규, 건축설계, 건축설비, 건축시공, 건축실무,

Reason 3.

졸업 후 진로

건축설계 기술자, 건축감리 기술자, 공무원(건축직), 매매주
택 연출가, 녹색건축 전문가, 부동산 컨설턴트,
쇼핑몰 디벨로퍼, 인테리어 디자이너, BIM디자이너 등

Reason 4.

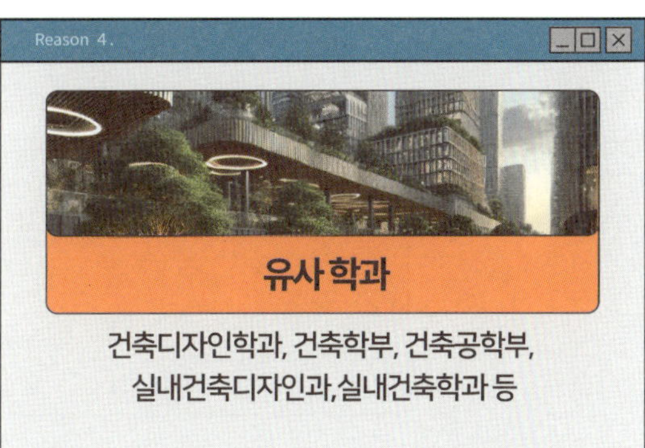

유사 학과

건축디자인학과, 건축학부, 건축공학부,
실내건축디자인과, 실내건축학과 등

생기부 세특 키워드

건물열에너지이론, 건물유체시스템, 건설경영, 건설관리, 건설기술, 건축공학시스템설계, 건축구조계획, 건축구조시스템, 건축구조해석, 건축기획, 건축디자인이론, 건축법과 제도, 건축사, 건축설계스튜디오, 건축설비, 건축시공, 건축시스템, 건축실무, 건축재료, 건축재료역학, 건축전기 및 조명이론, 건축전산, 건축환경계획, 건축환경설계, 구조동역학, 구조설계, 기초스튜디오, 도시건축 공간계획, 도시문화와 보전, 디지털디자인연구, 실내설계

생기부 추천 도서

- 매튜 프레더릭『건축학교에서 배운 101가지』
- 이창남『뿌리에서 새순까지』
- 김수근『좋은 길은 좁을수록 좋고, 나쁜 길은 넓을수록 좋다』
- 김석철『세계건축기행』
- 서현『건축, 음악처럼 듣고 미술처럼 보다』
- 유홍준『나의 문화 답사기』
- 이용재『딸과 함께 떠나는 건축 여행 1, 2, 3』
- 권영걸 외『공간디자인 하기 공간 디자이너 되기』

기계공학과 알아보기

기계와 관련되는 모든 것에
이론적, 실험적으로 응용 연구

기계공학과

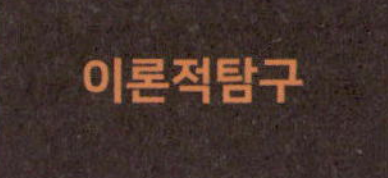

각종 기계의 설계, 제작, 성능, 이용, 관리 등
기계와 관련되는 모든 것에 관해
이론적, 실험적으로 응용 연구를
수행하는 학과임.

Reason 1.

주요 학습 내용

에너지공학, 동력공학, 열전달, 유체기계, 기계재료,
정밀공학, 로봇공학, 자동차공학, 응용기계설계, CAD

Reason 2.

전공 과목

기초공학 설계, 물리학 및 실험, 미적분학, 일반생물학, 일반
화학, 계측공학, 공학 수학, 공학프로그래밍 입문, 기계 공작
법 실습, 기계공학 실험, 기계공학 종합설계, 기계 설계학

Reason 3.

졸업 후 진로

3D프린터 개발자, 공업기계 설치 및 정비원, 기계공학기
술자, 기계공학시험원, 냉난방 및 공조공학 기술자, 농업용
기계장비 기술자, 드론 개발자, 로봇공학 기술자

Reason 4.

유사 학과

기계설계학과, 로봇공학과 메카트로닉스공학과,
산업기계공학과, 생물산업기계공학과,
융합기계공학과 등

생기부 세특 키워드

경량 구조물의 해석 및 설계, 고체강도거동학, 고체역학, 공학수학, 극초음속 비행체 설계, 기계공학실험, 기계산업경영, 기계시스템설계, 기계제품설계, 기계진동학, 동역학, 로봇 비전, 로봇공학입문, 마이크로나노, 메카노바이오공학, 메카트로닉스, 미래자동차공학, 바이오유체역학, 수소생산과 연료전지응용, 스마트 제조 실험, 에너지변환 기술 개론, 열역학, 열전달, 유동과 설계, 유체역학, 음향시스템공학개론, 자동차동력원, 최적설계, 컴퓨터시뮬레이션과 머신러닝, 환경열공학

생기부 추천 도서

- 권기균『세상을 바꾼 과학 이야기』
- 리처드 엘위스『수학 괴물을 죽이는 법』
- 서갑양『나노기술의 이해』
- 도쿄물리서클『뉴턴도 놀란 영재들의 물리노트1』
- 제임스 R 차일스『인간이 초대한 대형참사』
- 김광희『창의력에 미쳐라』
- 이은희『청소년이 꼭 알아야 할 과학이슈11』
- 이은희『하리하라의 과학블로그1』
- 데이비드 맥 컬레이『도구와 기계의 원리』
- 장병주『문명으로 본 과학과 기술의 역사』
- 정우성『세상을 뒤흔든 특허전쟁 승자는 누구인가』
- 미치오 카쿠『미래의 물리학』

도시공학과 알아보기

국토 및 도시공간을 대상으로 합리적이고 효율적인 계획 개발 관리방법을 연구하는 학과

도시공학과

이론교육

현장성 ➕ 실천성

진리와 자유정신을 바탕으로 시민이 건강하고 안전한 도시를 위한 합리적이고 효율적인 계획, 관리, 개발, 방법을 연구하는 순수학문과 응용 학문이 결합된 종합학문을 추구하는 학과

Reason 1.

주요 학습 내용

도시계획, 도시발달사, 도시개발, 도시설계, 교통계획, 교통공학, 지역계획, 환경계획 등

Reason 2.

전공 과목

도시재생및개발, 부동산개론및실무, 지속가능한 도시개발, 교통계획, 도시및지역경제, 기후변화와도시정책, 도시및경제지리분석, 도시토지이용기회경영, 도시만들기와 문화

Reason 3.

졸업 후 진로

감정평가사, 공학계열교수, 교통계획 및 설계가, 교통영향평가원, 도시계획 및 설계가, 지리정보시스템전문가 측량 및 지리정보기술자, 토목공학기술자 등

Reason 4.

유사 학과

도시건설과, 도시정보공학전공, 스마트도시학부 등

생기부 세특 키워드

IoT개론, 건설그래픽커뮤니케이션, 건설프로젝트관리, 경제통계학, 계량경제학입문, 교통계획, 교통운영분석, 구조시스템, 국토 및 지역계획, 기초역학, 데이터구조, 데이터베이스 설계방법론, 데이터통신네트워크, 도시건축관계법규, 도시공간정보분석, 도시 및 지역개발론, 도시설계, 도시와 사회, 도시행정론, 디지털스튜디오, 사회혁신CBL, 스마트RC설계, 스마트건설정보모델링, 스마트교통시스템, 스마트도시개론, 토지이용계획

생기부 추천 도서

- 박용남『꿈의 도시 꾸리찌바』
- 모종린『작은 도시 큰 기업』
- 김기호 외『우리, 마을 만들기』
- 정석『나는 튀는 도시보다 참한 도시가 좋다』
- 스튜어트 다이아몬드『어떻게 원하는 것을 얻는가』
- 이강무『청소년을 위한 세계사』
- 경실련 도시개혁센터『알기 쉬운 도시 이야기』
- 제인 제이콥스『미국 대도시의 죽음과 사람』
- 김미리,최보윤『세계디자인 도시를 가다』
- 고재경『녹색 도시를 꿈꾸는 저탄소 사회전략』
- 박강리『인물로 읽는 환경이야기 지구별에서 함께 살아가기』

멀티미디어학과 알아보기

다양한 멀티미디어 데이터의
처리 및 응용 기술을 습득하고
데이터의 생성, 처리, 압축, 전송,
저장 및 재생 기술을 학습하는

멀티미디어학과

IT정보기술과 컴퓨팅(computing)을 바탕으로
멀티미디어공학의 이론과 기술을
개발하며 공학적 요소와 문화적 요소 등이
융합하여 이루어진 융복합적 분야를
개척하는 학과임.

주요 학습 내용

멀티미디어 데이터의 기초, 신호 처리, 이미지 처리,
비디오 처리, 멀티미디어 통신, 인터랙티브 멀티미디어

전공 과목

창의적공학설계, 기초프로그래밍 실습, 2D게임프로그래밍,
2D그래픽실습, 3D게임프로그래밍(캡스톤디자인), 3D그래픽
실습, 가상현실, 게임 및 로봇지능, 멀티미디어기초수학

졸업 후 진로

광고대행사, 게임 및 애니메이션 디자이너, 디지털스토리
텔링 기획자, 멀티미디어 콘텐츠 제작자, 영화 VFX,
영화합성 및 색보정, 웹디자이너, 콘텐츠 플랫폼 관련 창업

유사 학과

디지털콘텐츠학과, 미디어기술콘텐츠학과,
미디어소프트웨어학과, 미디어테크놀러지전공,
융합컴퓨터미디어학부

생기부 세특 키워드

3D그래픽디자인, 3D어셋크리에이션, 3D캐릭터애니메이션, 게임의 이해, 그래픽디자인, 뉴미디어와 디지털방송, 디지털사운드기초, 디지털타이포그라피, 메타버스콘텐츠기획, 메타버스프로그래밍, 모바일프로그래밍, 물리학, 미디어심리학, 미디어애널리틱스, 미디어이론, 미디어융합기획, 미디어통계, 발상과 시각화, 비주얼커뮤니케이션디자인, 사물인터넷 구축 및 활용, 선형대수, 소셜미디어, 스토리텔링, 영상제작미학

생기부 추천 도서

- 변용수 『1인 미디어』
- 박창섭 『AI 저널리즘』
- 김공숙 외 『OTT 스토리텔링 생존 공식』
- 나은영 『감정과 미디어』
- 홍석경 외 『디지털 시대 영상 문화와 윤리』
- 이소은, 최순욱 『딥페이크의 얼굴』
- 이현주, 이현옥 『미디어 리터러시』
- 자크 아탈리 『미디어의 역사』
- 박아란 『인공지능 시대의 미디어 윤리』

사회시스템기반학과 알아보기

자연환경을 보존하면서 사람들이
편리하고 쾌적하게 살 수 있는
공간과 기반을 만드는 학문

사회시스템기반학과

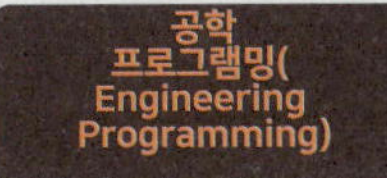

다리, 터널, 철도, 지하철, 발전소, 댐, 상하수도,

환경관련시설, 환경관리시설 증의 설계 및 시공

유지하는 지식과 기술을 공부하는 학과

Reason 1.

주요 학습 내용

환경공학개론, 재료역학, 재료역학실습, 기초측량학연
습, 토목유체역악, 토질역학, 수치해석, 개수로수리학

Reason 2.

전공 과목

공학프로그래밍입문, 일반화학, 미분적분학, 일반물리학,
기초물리학, 선형대수, 기초공학설계, 건설플랜트설계입
문, 역학의 이해, 철근콘크리트공학, 토목계획 및 관리

Reason 3.

졸업 후 진로

건설연구원, 토목감리원, 토목안전환경기술자, 토목제도사
건설 회사, 설계사무소, 엔지니어링 업체,
정부 토목직과 관련된 공공기관, 공무원 등

Reason 4.

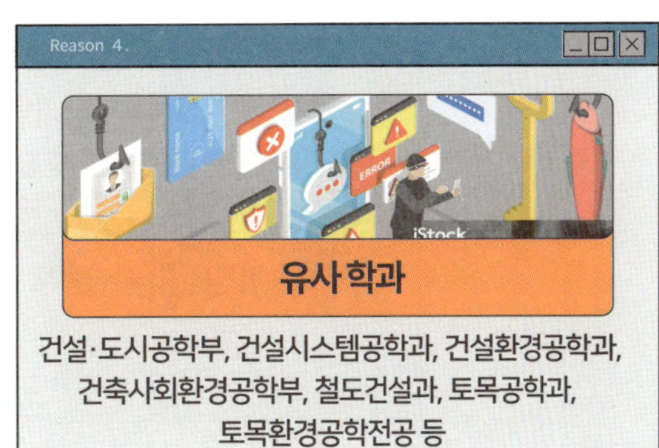

유사 학과

건설·도시공학부, 건설시스템공학과, 건설환경공학과,
건축사회환경공학부, 철도건설과, 토목공학과,
토목환경공학전공 등

생기부 세특 키워드

강구조공학, 건설기초역학, 공학수학, 공학통계학, 공학프로그래밍, 교량공학, 구조공학, 기초공학, 도로공학, 물리학, 미분적분학, 사면과 토류구조물, 상수도공학, 수리학, 수문학, 수자원시스템공학, 수치해석, 스마트교통공학, 스마트유지관리공학, 유체역학, 응용수리학, 응용역학, 응용토질역학, 일반화학, 재료역학, 전산구조해석, 철근콘크리트구조, 토목계획 및 관리, 토목시공, 하수도공학, 환경공학, 환경플랜트공학

생기부 추천 도서

- 노수민 『문명 위에 서다』
- 건설컨설턴츠협회 『사진과 함께하는 세계의 토목산』
- 리처드 엘위스 『수학 괴물을 죽이는 법』
- 대한토목학회 출판위원회 『자연과 문명의 조화 토목공학』
- 빌 브라이슨 『거의 모든 것이 역사』
- 토머스 S 쿤 『과학혁명의 구조』
- 앨리스 아웃워터 『물의 자연사』
- 히메노 켄지 외 『재미있는 흙 이야기』
- 시노하라 오사무 『토목을 디자인하다』
- Maria Salvadori 『건축물은 어떻게 해서 무너지는가』
- 마크 어빙 『죽기 전에 꼭 봐야 할 세계 건축 100』

산업공학과 알아보기

전 산업분야에 모두 응용이
가능한 전공

산업공학과

기술 ＋ 커뮤니케이션

기존 시스템의 문제점을 분석하여
개선점을 찾아내기 위한 방법과 기술 그리고
조직의 커뮤니케이션을 이끌 수 있는 관리능력 등
인력, 기계기술 등과 관련한 최적의 시스템을
연구하는 학과

주요 학습 내용

기초공학설계 , 공업역학, 공업통계, 과학기술과 지식
생산 , 관리회계, 국제 경영론, 공급사설 경영

전공 과목

경영학과, 경영과학특론, 경영전략론, 경제성 공학,
금융공학, 기술경영, 테이터마이닝, 사무자동화, 산업물류
론, 산업안전공학, 생산경영론, 서비스경영, 응용통계학

졸업 후 진로

경영컨설턴트, 물류관리전문가, 변리사, 산업공학 기술자,
산업관리원, 연구실안전 전문가, 정보시스템 운영자, 전자제
품개발 기술자, 컴퓨터시스템 분석가, 품질관리사무원

유사 학과

글로벌융합산업공학과, 산업경영공학과, 산업시스템
공학과,산업정보시스템공학과, 시스템경영공학과,
해양산업공학과 등

생기부 세특 키워드

경영과학, 경제성공학, 과학적 관리, 금융공학개론, 기술경영, 데이터관리와 분석, 데이터마이닝, 물류관리, 빅데이터 산업응용, 산업경영수리기법, 산업공정설계, 산업공학통계, 산업컴퓨팅개론, 생산관리, 선형 및 비선형 최적화, 시뮬레이션, 인간공학, 제품개발 및 품질설계, 휴먼인터페이스디자인

생기부 추천 도서

- 장영재 『경영학 콘서트』
- 리처드 니스벳 『생각의 지도』
- 피터 밀러 『스마트 스웜』
- 마이클 샌델 『돈으로 살 수 없는 것들』
- 김상균 『공학과 경영:기술혁신을 꿈꾸는 공학도를 위한 안내서』
- 알버트 바라바시 『링크』
- 대한산업공학회 『공학의 마에스트로, 산업공학』
- 대한산업공학회 『4차 산업혁명의 미래를 설계한다』
- 김상균 『교육,게임처럼 즐려라 - 당신의 수업에는 게임이 있습니까』
- 조성준 『세상을 읽는 새로운 언어, 빅데이터』

생명공학과 알아보기

생명공학기술의 핵심적인 역할을
수행할 과학기술자를 양성

생명공학과

인체를 포함한 동식물, 미생물 등의 세포
내에서 수행되는 생명체활동의 기본원리를
규명하고, 이를 인간에서 유익하게 응용하는
학문

Reason 1. 주요 학습 내용

화공생명공업입문, 물리화학, 화공열역학, 반응공학,
유체역학, 유기화학, 생명공학, 열 및 물질전달

Reason 2. 전공 과목

수학, 물리, 화학, 생명과학, 컴퓨터언어실습, 공업수학,
수치해석, 지식경영 등, 반도체화학공정, 분리공정, 석유공
업화학, 양자 및 표면화학, 공정제어, 생물공정공학

Reason 3. 졸업 후 진로

교수 / 생명공학 연구원: 보건환경연구소, 의약관련연구소,
농촌진흥청, 국립과학연구소, 농림축산관련연구소
의약·환경·식품·비료·유제품·화장품 등의 제조

Reason 4. 유사 학과

동생명공학과, 생체공학전공, 바이오메디컬학부, 생
명화학공학부바이오시스템소재학부, 생명나노학과,
생명환경공학과 등

생기부 세특 키워드

극지생명공학, 기기분석학, 기능유전체학, 내분비학, 대사조절학, 독성생화학, 동물분자유전학, 동물분자육종학, 동물생리학, 동물생명공학세미나, 리보핵산공학, 면역공학, 면역치료공학, 미생물생리학, 미생물생명공학, 미생물학, 발생공학, 분자바이러스생명공학, 분자생명공학, 분자생물학, 분자진단기술, 산업미생물학, 생명정보공학, 생물물리학, 생식의학, 생화학, 세포생물학, 식물공장학, 식물바이러스학, 식물번식공학, 식물생리학, 유전학

생기부 추천 도서

- 최강열『MT 생명공학』
- Ray V. Herren『생명공학으로의 초대』
- 찰스 콜슨『생명공학, 판도라 상자의 열쇠인가?』
- 리처드 도킨스『이기적 유전자』
- 찰스 다윈『종의 기원』
- 권기균『세상을 바꾼 과학 이야기』
- 제레미 리프킨『엔트로피』
- 제임스 왓슨『이중나선』
- 리처드 도킨스『조상 이야기』
- 홍순기『미래혁명이 시작된다』
- 차형준 외『생명과학 교과서는 살아있다』
- 다쓰미 준코 외『알면 알수록 신비한 인간 유전 100가지』

소프트웨어학과 알아보기

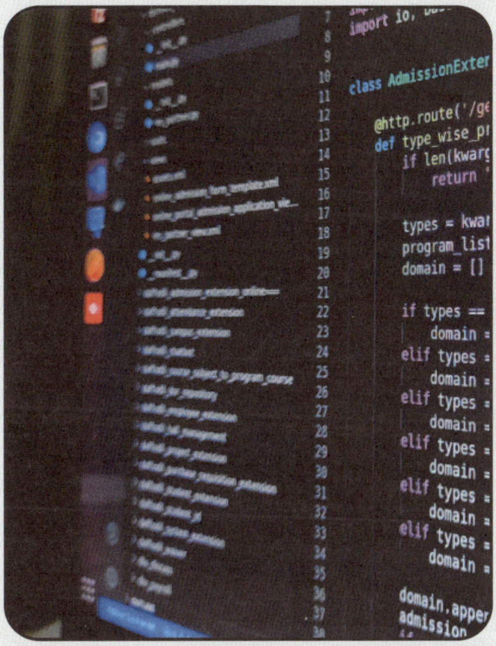

컴퓨터 소프트웨어의 개발, 운영,
유지보수를 체계적이고 전문적으로 다루는

소프트웨어공학과

소프트웨어
개발

+

응용

스마트어플리케이션을 비롯하여 웹, 컴퓨터그래픽,
가상현실, 증강현실, 인공지능 등 다양하고
첨단화되는 소프트웨어를 개발하거나 응용하는데
필요한 이론과 기술을 배우는 학과

Reason 1.

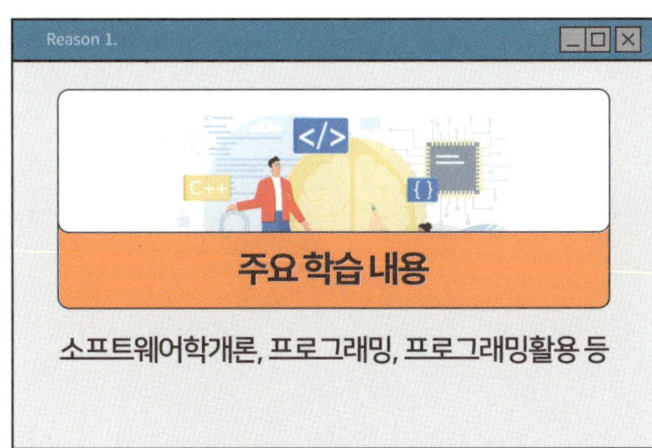

주요 학습 내용

소프트웨어학개론, 프로그래밍, 프로그래밍활용 등

Reason 2.

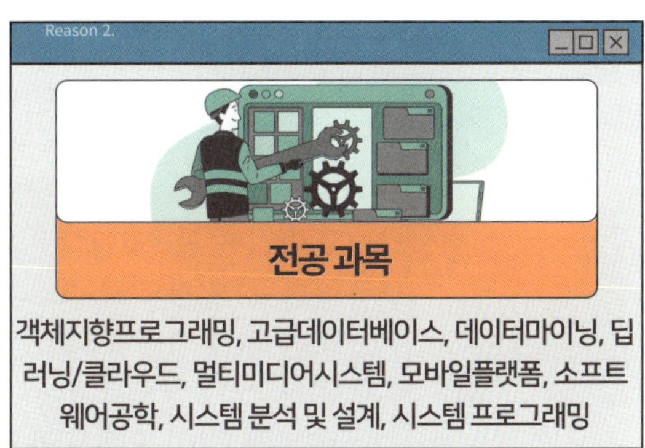

전공 과목

객체지향프로그래밍, 고급데이터베이스, 데이터마이닝, 딥
러닝/클라우드, 멀티미디어시스템, 모바일플랫폼, 소프트
웨어공학, 시스템 분석 및 설계, 시스템 프로그래밍

Reason 3.

졸업 후 진로

가상현실전문가 게임프로그래머, 네트워크 관리자, 디지털
영상처리전문가, 모바일콘텐츠개발자, 사물인터넷개발자,
애니메이터, 웹디자이너, 인공지능연구원

Reason 4.

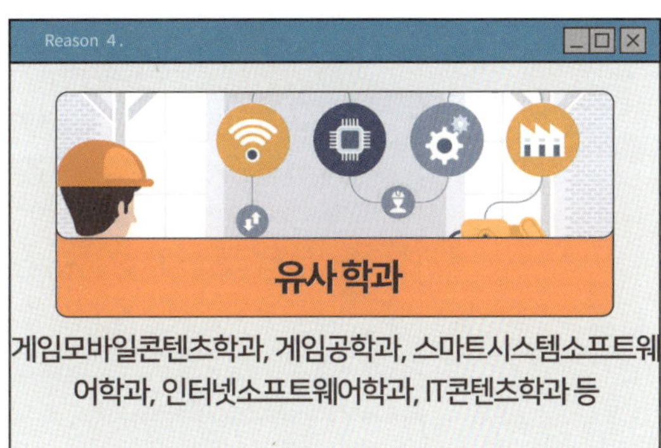

유사 학과

게임모바일콘텐츠학과, 게임공학과, 스마트시스템소프트웨
어학과, 인터넷소프트웨어학과, IT콘텐츠학과 등

생기부 세특 키워드

네트워크보안, 데이터마이닝, 디지털포렌식, 블록체인과 IoT, 시스템소프트웨어보안, 현대 암호이론, AI 임베디드시스템, AI집중교육, AIot실시간서비스설계, IT전문영어, SW산업세미나, 계산이론, 고급컴퓨터구조, 기계학습, 네트워크소프트웨어, 데이터베이스, 모델링시뮬레이션, 모바일네트워크, 분산병렬컴퓨팅, 분산시스템, 소프트웨어공학, 실전코딩, 알고리즘, 웹시스템설계, 인간과컴퓨터상호작용, 인공지능, 정보보호, 컴파일러

생기부 추천 도서

- Sam lightston『프로그래머로 사는 법』
- 토마스 S. 쿤『과학혁명의 구조』
- 홍성욱『인간의 얼굴을 한 과학』
- 박성래『우리과학 100년』
- 김정남『IT 삼국지』
- 정지훈『거의 모든 IT의 역사』
- 피터 드러커『프로페셔널의 조건』
- 존 맥코믹『미래를 바꾼 아홉가지 알고리즘』
- 고현석『빅데이터 승리의 과학』
- 마쓰로 유타카『인공지능과 딥러닝』
- 폴 그레이엄『해커와 화가』
- 이광근『컴퓨터과학이 여는 세계』

식품공학과 알아보기

식품과 관련된 폭넓은 학문과 기술에 대한 전문 소양을 갖춘 인재를 양성하는 학과

식품공학과

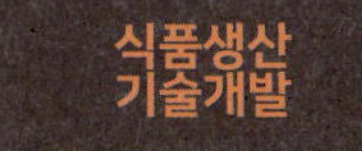

식품의 효율적인 생산기술, 제품개발, 가공, 품질관리, 식품위생, 발효공정, 생물 공학적 기법 등 식품생산에 관련된 기술개발 및 제조 장비 등 기계적 기술론에 대해 연구하는 학문.

Reason 1.

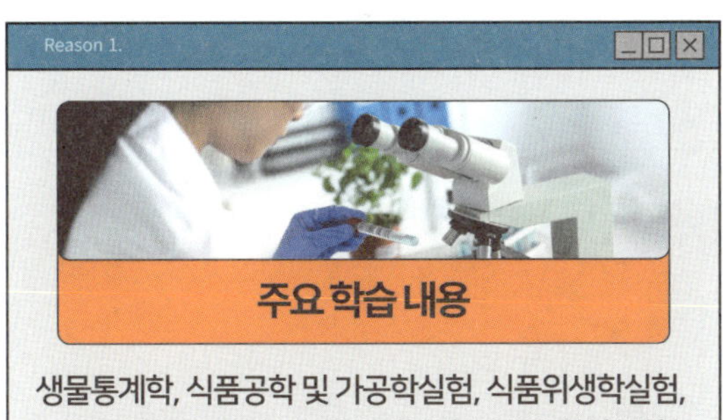

주요 학습 내용

생물통계학, 식품공학 및 가공학실험, 식품위생학실험, 식품미생물학실험, 식품분석학실험, 식품생화학실험

Reason 2.

전공 과목

일반생물학 및 연습, 화학의 기초 및 연습, 식품생물공학 미적분학 및 연습, 생명물리학 및 연습, 식품생물공학실험, 식품안정성실험, 식품과학기초, 육가공학, 근육식품학

Reason 3.

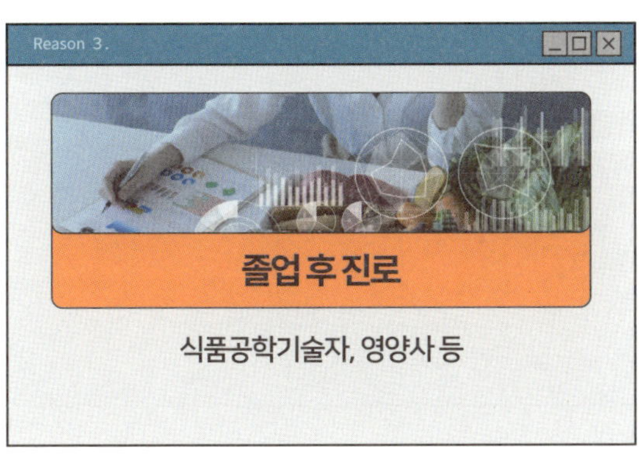

졸업 후 진로

식품공학기술자, 영양사 등

Reason 4.

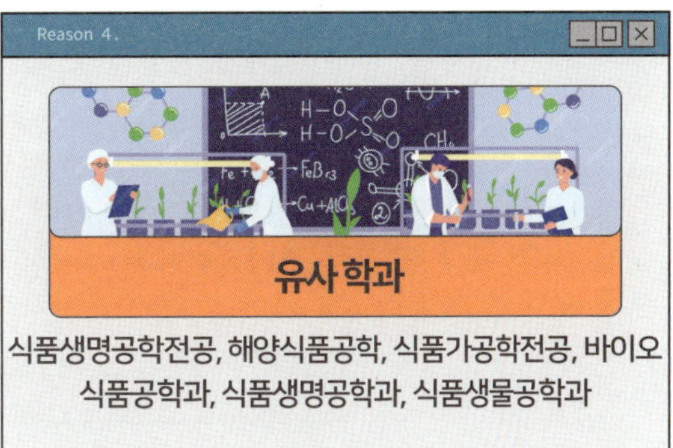

유사 학과

식품생명공학전공, 해양식품공학, 식품가공학전공, 바이오식품공학과, 식품생명공학과, 식품생물공학과

생기부 세특 키워드

건강기능식품학, 곡류과학, 과실채소류과학, 근육식품학, 발효산업미생물학, 발효식품학, 식중독세균학, 식품과학기초, 식품독성학, 식품물리화학, 식품미생물학, 식품법규, 식품분석학, 식품생물공학, 식품생화학, 식품성분및재료학, 식품안정성, 식품위생학, 식품위해요소중점관리학, 식품저장학, 식품포장공학, 식품화학, 유가공학, 유기화학, 육가공학

생기부 추천 도서

- 마르쿠스 브라이어 『슈퍼토마토와 백신바나나』
- 고정삼 『알기 쉬운 식품공학』
- 존 라빈스 『음식혁명』
- 펜 피셔 『슈퍼마켓 물리학』
- 리차드 파인만 『파인만의 여섯 가지 물리 이야기』
- 김선희 『건강한 삶을 위한 영양학』
- 곽영직 『보어가 들려주는 원자 모형 이야기』
- 권기균 『세상을 바꾼 과학 이야기』
- 박준우 『아냐스타스가 들려주는 녹색 화학 이야기』
- 이영숙 『식탁 위의 세계사』
- 제임스 왓슨 『이중나선』
- 존 로빈스 『존 로빈스의 100세 혁명』

신소재공학과 알아보기

재료 구조와 특질을 이해하고 새로운 소재의
개발, 가공, 기능 등에 대한
이론과 연구방법에 대해서 배우는

신소재공학과

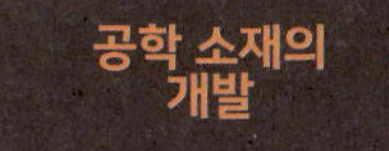

새로운 산업 재료 및 첨단 재료 개발에 대한 산업적
요구에 부응하여 고부가가치 산업에 필요한
기술적인 신소재, 생채 재료, 기능 재료, 환경 재료 등
첨단사업 발전의 핵심적인 역할을 담당하는 공학
소재의 개발과 개선을 연구하는 학과

Reason 1.

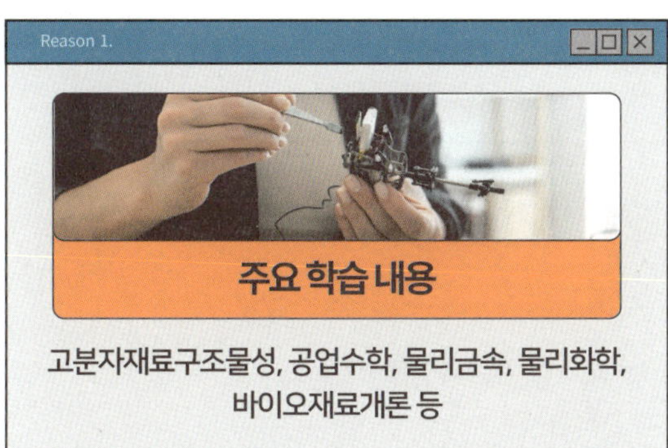

주요 학습 내용

고분자재료구조물성, 공업수학, 물리금속, 물리화학,
바이오재료개론 등

Reason 2.

전공 과목

미분적분학, 일반물리학, 일반화학, 반도체 재료,
반응속도론, 상평형론, 세라믹재료개론, 에너지환경재료,
유기재료화학, 유기재료 개론

Reason 3.

졸업 후 진로

금속재료공학시험원, 나노소재품질시험원, 나노소재연구
원, 반도체품질관리시험원, 비금속공학기술자, 비누 및 화장
품공학기술자, 비파괴 기술자, 석유화학공학기술자 등

Reason 4.

유사 학과

나노신소재공학전공, 신소재시스템공학과, 신소재화공시스
템공학부, 신소재화학과, 융합에너지신소재공학과,
정보전자신소재공학과

생기부 세특 키워드

고분자재료, 고체물리, 광소재 및 소자, 기초공학가상실험, 나노소재, 물리금속, 물리화학, 미적분학, 반도체공정, 반응속도론, 산학협동강좌, 상평형론, 생명과학, 생활 속의 신소재공학, 세라믹재료개론, 신소재공학연구동향, 유기재료개론, 유기재료화학, 융합기술 및 신소재 응용, 일반물리학, 일반화학, 재료공학, 재료구조물성, 재료수치해석, 재료열역학, 재료전자기물성, 전자기학, 전자 및 반도체, 전자세라믹스

생기부 추천 도서

- 김동화『재미있는 나노과학기술 여행』
- 박상준『미래사회와 신소재』
- 김도연『나는 신기한 물질을 만들고 싶다』
- 데이비드 보더니스『시크릿하우스』
- 리처드 도킨스『이기적 유전자』
- 리처드 파인만『파인만의 여섯 가지 물리 이야기』
- 제레미 리프킨『엔트로피』
- 김형주 외『청소년을 위한 공학 이야기』
- 조수연 외『금속 재료공학』

에너지자원공학과 알아보기

우리의 일상생활에 필요한 석유나
천연가스 등의 에너지를 다루는

에너지 자원공학과

| 에너지의 효율적 활용 | + | 에너지 자원 연구 |

에너지 관련 여러 사회 환경적인

문제들을 해결하기 위해 에너지를 효율적으로

획득하고 사용할수 있도록

에너지 자원을 공학적으로 연구하는 학과

주요 학습 내용

고분자화학, 공업물리화학, 공업수학, 공업유기화학,
나노바이오에너지소재, 무기소재화학, 반응공학

전공 과목

공학기초양론, 공학입문설계, 미적분학, 수치해석, 일반 물
리학 및 실험, 에너지공학실험,에너지공학종합설계, 에너지
과학기술, 에너지나노과학, 에너지변환저장소재

졸업 후 진로

가정에코컨설턴트, 기술직 공무원, 바이오에너지 연구 및 개
발자, 발전설비기술자, 변리사, 비파괴 검사원, 산업안전원,
에너지시험원, 에너지진단전문가, 태양열연구 및 개발자 등

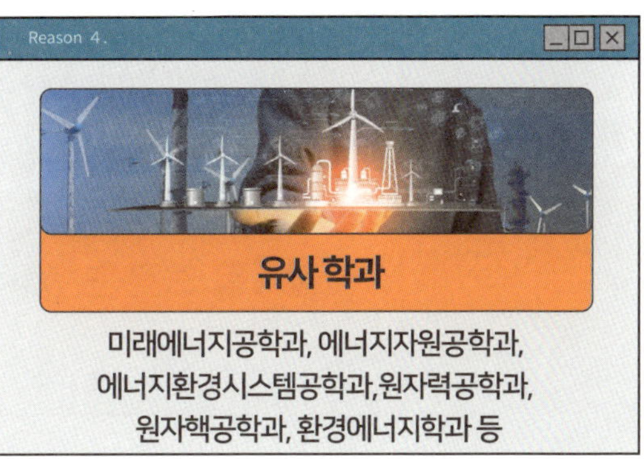

유사 학과

미래에너지공학과, 에너지자원공학과,
에너지환경시스템공학과,원자력공학과,
원자핵공학과, 환경에너지학과 등

생기부 세특 키워드

국제에너지시장분석, 석유가스공학, 시추공학, 신재생에너지, 암반공학응용, 암석물리학, 암석역학, 에너지데이터사이언스, 에너지GIS, 에너지사업 타당성평가, 에너지와 기술의 경제학, 에너지원격탐사, 에너지자원 리사이클링, 에너지자원 수치해석, 에너지자원공학, 에너지자원물리화학, 순환공학, 에너지자원유체역학, 에너지자원재료역학, 에너지자원전기화학, 에너지자원지구화학, 자원개발공학, 자원공학설계, 지구통계학, 지질공학

생기부 추천 도서

- 이동현『에너지 소사이어티』
- 조정래『정글만리』
- 김동호『깨끗한 부자』
- 김태희『자원전쟁』
- 김재명『석유 욕망의 샘』
- 서윤호『세상을 바꾼 다섯 개의 방정식』
- 토니 세바『에너지 혁명 2030』
- 새시 로이드『에너지 전쟁 2030』
- 조윤수『에너지 자원의 위기와 미래]
- 레스터 브라운『에너지 대전환』

전자공학과 알아보기

전기 회로 및 시스템, 반도체
통신, 컴퓨터 등 전자 기술의
핵심 분야를 연구하는

전자공학과

전자핵심기술
연구개발
+
미래산업
발전 기여

급속도로 발전하는 전자, 정보통신, 컴퓨터 등 관련
산업 분야에 대처할 수 있는 능력을 배양하고
관련 산업 및 교육 분야의 인재를 양성
신호처리, 반도체 설계, 통신시스템, 전자기파 응용
등 이론 및 실습 교육을 수행하는 학과

Reason 1.

주요 학습 내용

전자 회로 및 시스템 분석, 반도체 소자 및 집적 회로,
통신, 시스템 및 신호 처리, 미래 첨단 기술

Reason 2.

전공 과목

기초전기실험, 기초전자실험, 기초전자회로, 전자기학, 컴퓨
터네트워크, 회로이론, 전자프로그래밍언어, VLSI공학, 공
학설계, 광전자공학, 디지털논리설계, 디지털논리실험

Reason 3.

졸업 후 진로

공업기계설치 및 정비원, 무선설비기사,
전자계측제어기술자, 전자기사, 전자통신장비기술영업원,
전자공학기술자 등

Reason 4.

유사 학과

IT전자융합공학과, 나노광전자학과, 에너지전자융합전공,
융합전자공학부, 전기·전자·통신공학부, 전기전자공학과,
전기전자제어공학부

생기부 세특 키워드

ASIC설계, RF공학, VLSI설계, 객체지향프로그래밍, 공업역학, 공학수학, 공학인턴십, 광전자공학, 국제공학인턴쉽, 기초양자전자공학, 나노전자공학, 데이터네트워크, 데이터베이스, 디지털시스템, 디지털신호처리, 디지털집적회로, 디지털통신, 로봇공학개론, 멀티미디어신호처리, 메카트로닉스, 무선네트워크, 물성전자공학, 미적분학, 반도체공학, 배전공학, 분산병렬컴퓨팅, 신재생에너지, 아날로그집적회로, 안테나공학, 에너지관리시스템

생기부 추천 도서

- Paul G. Hewitt 『수학 없는 물리』
- 앤드류 헌트, 데이비드 토머스 외 『실용주의 프로그래머』
- 로얼드 호프만 『같기도 하고 아니 같기도 하고』
- 아트 후프만 『세상에서 가장 재미있는 물리학』
- 찰스 플랫 『짜릿짜릿 전자회로 DIY』
- 다나카 켄이치 『만화로 쉽게 배우는 전자회로』
- 데이비드 보더니스 『일렉트릭 유니버스』
- 리처드 다베니 『넥스트 레볼루션』
- 마이클 브룩스 『물리학을 낳은 위대한 질문들』
- 전승민 『십대가 알아야 할 인공지능과 4차 산업혁명의 미래』
- 월터아이작슨 『스티브 잡스』
- 리처드 파인만 『파인만의 여섯가지 물리 이야기』
- 박해선 『혼자 공부하는 머신러닝+딥러닝』

컴퓨터공학과 알아보기

컴퓨터 시스템의 원리와
응용을 다루는 학문

컴퓨터공학과

컴퓨터 하드웨어, 소프트웨어, 멀티미디어, 임베디드시스템 등 컴퓨터와 관련한 지식과 기술을 익혀 다양한 분야에 적용하는 공학인을 양성하는 학과.

Reason 1.

하드웨어 및 소프트웨어, 인공지능, 빅데이터, 로봇, 자율주행, 사이버보안 등

Reason 2.

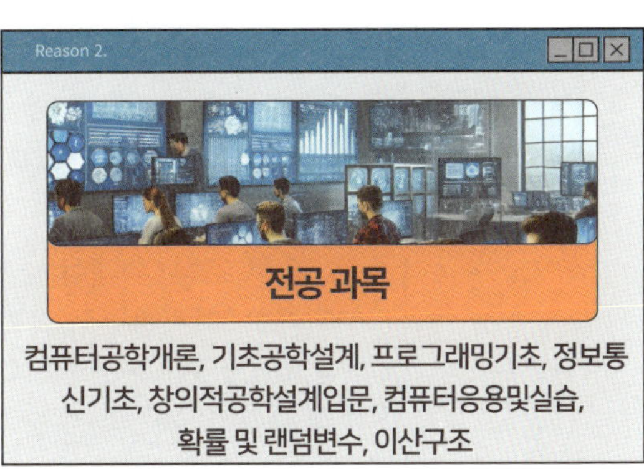

컴퓨터공학개론, 기초공학설계, 프로그래밍기초, 정보통신기초, 창의적공학설계입문, 컴퓨터응용및실습, 확률 및 랜덤변수, 이산구조

Reason 3.

컴퓨터관련 대기업, 외국기업, 벤처기업과 금융계, 공공기관, 국가출연연구소 등 컴퓨터 전문 기술을 기반으로 한 정보통신, 인터넷, 정보보안, 전자 상거래 등의 분야

Reason 4.

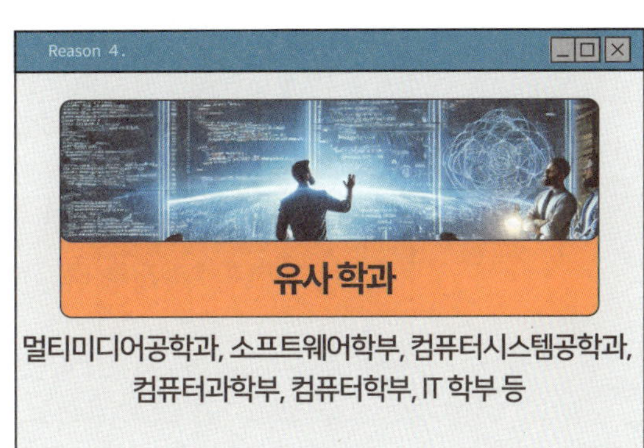

멀티미디어공학과, 소프트웨어학부, 컴퓨터시스템공학과, 컴퓨터과학부, 컴퓨터학부, IT 학부 등

생기부 세특 키워드

IT리더십, 공학수학, 기계학습, 논리설계, 데이터마이닝, 데이터베이스, 데이터통신, 디지털신호처리, 딥러닝, 멀티코어컴퓨팅, 블록체인, 선형및비선형계산모델, 소셜네트워크분석, 소프트웨어공학, 소프트웨어응용, 시스템프로그래밍, 알고리즘, 양자컴퓨팅 및 정보의 기초, 오토마타이론, 운영체제, 이산수학, 인간컴퓨터상호작용, 인공지능, 인터넷보안, 임베디드시스템, 자료구조, 자연언어처리, 전기전자회로, 컴파일러, 컴퓨터구조

생기부 추천 도서

- 김정남 『IT 삼국지』
- 스티븐 호킹 『위대한 설계』
- 이은희 『하리하라의 과학블로그1』
- 토마스S.쿤 『과학혁명의 구조』
- 찰스 플랫 『짜릿짜릿 전자회로 DIY』
- 조영선 『Why? 정보통신』
- Sam lightston 『프로그래머로 사는법』
- 카렌 블루멘탈 『스티브잡스 첫 청소년 전기』
- 데이스 샤샤 외 『컴퓨터를 만든 15인의 과학자』
- 켄 올레타 『구글드』
- 아트 후프만 『세상에서 가장 재미있는 물리학』
- 존 맥코믹 『미래를 바꾼 아홉가지 알고리즘』

항공우주공학과 알아보기

항공산업을 발전시킬 수 있는
인재를 양성하는

항공우주공학과

기계항공공학 **+** 우주공학

비행기, 인공위성, 헬리콥터, 미사일, 우주선 등을
만들고 운영하는데 필요한 이론을 배움

주요 학습 내용

공학설계입문, 열역학, 재료역학, 정산응용제도, 수치해석, 전지전자공학, 기초공학실험, 동역학, 유체역학 등

전공 과목

공업역학, 미분적분학, 미분방정식, 일반물리학, 일반화학, 선형대수학, 전산개론, 항공우주공학개론, 정역학, 수치해석, 신호및시스템, 임베디드시스템설계, 항공우주형상설계

졸업 후 진로

기업체: 발사체기술연구원, 우주센터발사 지휘통제원 등
연구소: 항공·우주관련 국가연구소 및 민간 연구소 등
정부 및 공공기관: 기술직 공무원 등

유사 학과

기계항공공학부, 항공우주정보시스템공학과,
항공우주 및 기계공학부 등

생기부 세특 키워드 

건물열에너지이론, 건물유체시스템, 건설경영, 건설관리, 건설기술, 건축공학시스템설계, 건축구조계획, 건축구조시스템, 건축구조해석, 건축기획, 건축디자인이론, 건축법과 제도, 건축사, 건축설계스튜디오, 건축설비, 건축시공, 건축시스템, 건축실무, 건축재료, 건축재료역학, 건축전기 및 조명이론, 건축전산, 건축환경계획, 건축환경설계, 구조동역학, 구조설계, 기초스튜디오, 도시건축 공간계획, 도시문화와 보전, 디지털디자인연구, 실내설계

생기부 추천 도서

- 서갑양 『나노기술의 이해』
- 도쿄물리서클 『뉴턴도 놀란 영재들의 물리노트1』
- 제임스 R 차일드 『인간이 초대한 대형참사』
- 랍비 조셉 델로슈킨 『죽기전에 한 번은 유대인을 만나라』
- 김광희 『창의력에 미쳐라』
- 이은희 『청소년이 꼭 알아야 할 과학이슈11』
- 이은희 『하리하라의 과학블로그1』
- 랜들 먼로 『위험한 과학책』
- 칼 세이건 『코스모스』
- 빌 브라이슨 『거의 모든것의 역사1』
- 리처드 파인만 『파인만의 여섯 가지 물리이야기』
- 임달연 『재미있는 항공 우주 이야기』
- 브라이언 그린 『우주의 구조』

화학공학과 알아보기

화학 원리를 바탕으로 다양한 기술을 배우는

화학공학과

공정(Process) + 에너지(Energy)

화학공학과는 화학, 물리학, 생물학 등의 기초과학 지식을 이용하여 천연자연으로부터 인간의 생활에 필요한 제반 물질 및 제품을 만드는 화학, 물리학, 생물 공정을 설계 및 개발하고 이들을 운전 및 운영하는데 필요한 기술을 연구한다.

주요 학습 내용

공학프로그래밍입문, 공학수학 및 연습, 화공양론, 공업무기화학, 공업물리화학, 공업유기화학, 화공기초설계

전공 과목

미분적분학, 화학 및 실험, 물리학 및 실험, 기초공학설계, 공업생물학 수학 및 연습, 공업화학실험 및 설계, 화공열역학. 에너지공학, 열 및 물질전달, 공업고분자화학

졸업 후 진로

화학공학기술자, 화학제품제조원, 환경공학기술자 등
기업체: 석유화학 및 정유업체, 정밀화학업체
화학 관련 기업체 연구소, 화학 관련 대학 부설 연구소

유사 학과

신소재·화공시스템공학부, 에너지화학공학과, 유기나노공학과, 화공생명공학과, 화공생물공학과, 화학공학/고분자공학부, 화학신소재공학부 등

생기부 세특 키워드

고분자개론, 고분자화학, 공정설계, 공정제어, 공학수학, 무기화학, 물리화학, 미분적분학, 반도체공정, 반응공학, 분리공정, 분석화학, 생물공학개론, 생물화학공학, 신소재공학, 에너지공학, 열및물질전달, 유기단위공정, 유기전자재료, 유기화학, 응용생화학, 이동현상, 일반물리, 일반생물, 전자기술, 화공수학, 화공양론, 화공열역학, 화공유체역학, 화학

생기부 추천 도서

- 존 엠슬리『상품의 화학』
- 신현철『하버가 들려주는 화학 산업 이야기』
- 진정일『진정일 교수의 교실 밖 화학 이야기』
- 문상흡『화학 교과서는 살아있다』
- K. 메데페셀헤르만 외『화학으로 이루어진 세상』
- 우에타니 부부『비커 군과 친구들의 유쾌한 화학실험』
- 페니 르 쿠터 외『역사를 바꾼 17가지 화학 이야기』
- 사마키 다케오『재밌어서 밤새읽는 화학 이야기』
- 임경순『21세기 과학의 쟁점』
- 토머스 S. 쿤『과학혁명의 구조』
- 제레미 리프킨『엔트로피』

환경공학과 알아보기

환경오염에 따르는 문제점 및 해결방안을 강구하고, 환경에 대해 전반적인 연구를 하는

환경공학과

오염저감(Pollution Control) + **지속가능성 (Sustainability)**

대기,물,토양 등의 자연환경을 구성하는 환경이

어떻게 변화하고 있는지, 또 이러한 환경이

오염되는 오염물질을 분석하는 학문

Reason 1.

주요 학습 내용

환경화학 및 실험, 환경유체역학, 환경유기화학, 환경미
생물 및 실험, 환경열역학 및 양론, 환경요소설계

Reason 2.

전공 과목

환경공학개론, 창의공학기초설계, 수질관리, 대기관리, 환경
수리학,환경물리학, 환경토질역학 및 실험, 환경생물공학,
환경독성학 및 실험, 수질관리, 대기관리, 환경수리학

Reason 3.

졸업 후 진로

연구 관련: 기후변화전문가, 환경 및 해양과학연구원 등
대기환경기술자, 바이오에너지연구 및 개발자
건설 관련: 조경기술자, 친환경 건축 컨설턴트 등

Reason 4.

유사 학과

바이오환경과학과, 자원환경공학과, 조경, 지역시스템공학
전공,지구환경과학과, 화학생명환경과학부, 환경보건과학
부,환경생태공학부, 환경학 및 환경공학과, 환경학전공 등

생기부 세특 키워드

공학수학, 기후변화생태학실험, 대기오염, 대기환경관리, 물리화학적수처리, 미분적분학, 생물학, 수질오염학, 신재생에너지, 유해가스제어, 응용환경생태학, 토양오염, 폐기물처리자원화공학, 하천환경복원설계, 화학물질안전관리정책, 화학, 환경과학개론, 환경기기분석, 환경논문연구, 환경독성학, 환경법, 환경생태학, 환경설계, 환경양론, 환경영향평가, 환경위해성평가, 환경유체역학, 환경종합설계, 환경통계, 환경화학

생기부 추천 도서

- 유진 하그로브 『환경윤리학』
- 레이첼 카슨 『침묵의 봄』
- 박강리 『인물로 읽는 환경이야기 지구별에서 함께 살아가기』
- 클라우스 퇴퍼 『청소년을 위한 환경교과서』
- 최원형 『10대와 통하는 환경과 생태 이야기』
- 권기균 『세상을 바꾼 과학 이야기』
- 장지오노 『나무를 심은 사람』
- 한무영 『지구를 살리는 빗물의 비밀』
- 앨리스 아웃워터 『물의 자연사』
- 월드워치연구소 『2017지구환경보고서』

의료·보건 계열

간호학과 알아보기

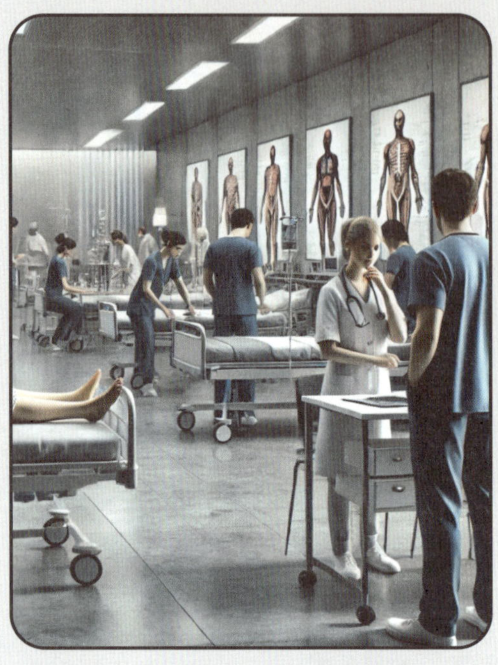

사람들의 건강을 증진시키고 질병에서 오는 고통을 줄여 더 행복한 삶을 살 수 있도록 돕는

간호학과

| 전문적 돌봄 | ➕ | 생명 존중 |

전문간호 이론과 기술을 배우는 간호학은 간호 대상의 특성과 변화에 따른 간호방법을 연구하여, 성인간호학, 아동간호학, 모성간호학, 노인간호학, 정신건강간호학, 지역사회 간호학 등으로 구분할 수 있음

Reason 1.

주요 학습 내용

간호학개론, 병원미생물학, 병태생리학, 간호, 통계학, 약물기전과 효과, 건강교육과 상담, 영양과 식이

Reason 2.

전공 과목

생물학, 생물학 실험, 심리학 개론, 화학, 화학실험, 생명의료윤리, 생명과학, 사회학이란 무엇인가, 심리학이란 무엇인가, 성장발달이론, 통계학, 의료현장적응실습, 건강증진 행위 개론

Reason 3.

졸업 후 진로

가정전문간호사, 간호사, 감염관리전문간호사, 보건교사, 보험사무원, 산업전문간호가, 생명과학시험원, 수술실간호사, 응급구조사, 의료관광코디네이터, 의료코디네이터 등

Reason 4.

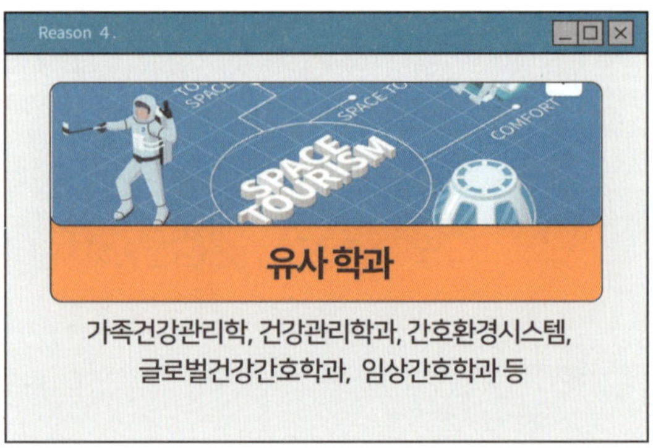

유사 학과

가족건강관리학, 건강관리학과, 간호환경시스템, 글로벌건강간호학과, 임상간호학과 등

생기부 세특 키워드

간호관리학, 간호연구개론, 간호윤리, 간호통계프로그래밍, 간호학, 건강정보학, 기본간호학, 노인건강간호학, 다문화사회의 이해와 간호, 병태생리학, 보건의료와 간호정책, 보건커뮤니케이션과 건강교육, 생애주기별 건강증진, 성인건강간호학, 아동건강간호학, 약물기전과 효과, 여성건강간호학, 여성의 생애주기별 건강과 간호, 영양과 식이, 인간과 건강, 인간발달, 인체구조와 기능, 정신건강간호학, 지역사회간호학, 치매간호와 테크놀로지

생기부 추천 도서

- 한화순『간호사 너 자신이 되어라』
- 권혜림『간호사가 말하는 간호사』
- 김리연『간호사라서 다행이야』
- 문광기『미스터 나이팅 게일』
- 박경철『시골의사의 아름다운 동행』
- 도나 윌크 카르딜로『간호사, 프로를 꿈꿔라』
- 프레드리저『디즈니 병원의 서비스 리더십』
- 엄영란 외『병원이 선택하는 탁월한 신입간호사 1%』
- 김화중『장관이 된 간호사』
- 마이클 로이젠 외『새로 만든 내몸 사용 설명서』
- 권복규『생명 윤리 이야기』
- 김수지『사랑의 돌봄은 기적을 만든다』

물리치료학과 알아보기

물리치료 전공학습을 통해 물리치료의 원리를 이해하고 물리치료를 발전시킬 수 있는 지식과 역량을 갖춘 물리치료 전문 인력을 양성하는

물리치료학과

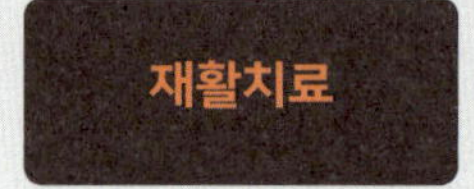

물리적인 요소를 이용한 전기치료, 광선치료, 수치료, 온열치료 등과 운동생리학 및 임상운동학, 관절생리학 등의 학문을 기초로 하는 운동치료 및 기능 훈련을 통하여 환자의 손상 및 장애 등을 치료, 진단하고 손상으로 인해 소실된 기능을 되찾아 주며, 나아가 신체의 건강 증진을 통하여 질병을 예방하도록 하는 학과

Reason 1.

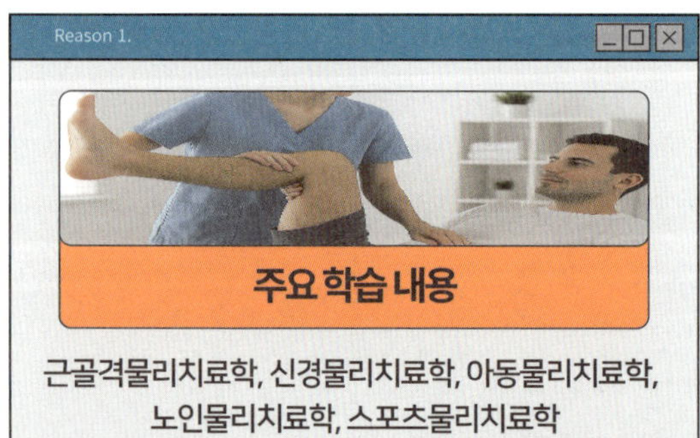

주요 학습 내용

근골격물리치료학, 신경물리치료학, 아동물리치료학, 노인물리치료학, 스포츠물리치료학

Reason 2.

전공 과목

물리치료학 개론, 해부학, 기능해부학, 생리학, 병리학, 생물학, 물리학, 화학, 신경과학, 임상신경학, 내과학, 약리학, 의학용어, 응급처리, 공중보건학, 의료관계법규, 심리학

Reason 3.

졸업 후 진로

물리치료사, 스포츠트레이너 등

Reason 4.

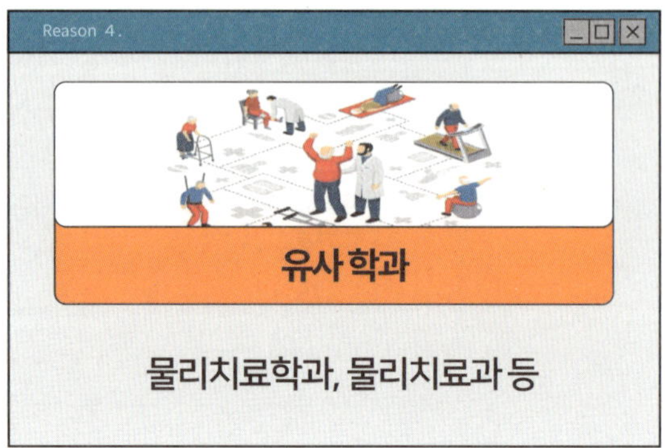

유사 학과

물리치료학과, 물리치료과 등

생기부 세특 키워드

재활 심리학, 기능 해부학, 생리학, 시니어치유산업과 재활
신경과학, 운동학, 병리학, 생체역학, 운동 생리학 및 실습,
스포츠 물리치료학, 신경계 물리치료중재학
심폐물리치료학, 영상진단학, 운동치료학, 신경계운동치료,
공중보건학, 의료법규, 피부계 물리치료학

생기부 추천 도서

- 김성중 『하루 15분 기적의 림프청소』
- 안소윤 『물리치료사 되기』
- 이문환 『나는 대한민국의 물리치료사다』
- 정선근 『백년허리』
- 박영현 『나는 괜찮아요』
- 최주영 『300번의 A매치』
- 토머스 새뮤얼 쿤 『과학혁명의 구조』
- 이은희 『하리하라의 과학블로그』
- 타노이 마사오 『3일만에 읽는 몸의 구조』
- 서민 『서민의 기생충 열전』
- 리처드 워커 『WOW! 인체』
- 박용남 외 『몸, 그것은? 손발이 고생해야 몸이 낫는다』

약학과 알아보기

의약품과 약물치료에 대한 이론을 바탕으로 약품 개발 및 생산, 관리 등을 공부하는

약학과

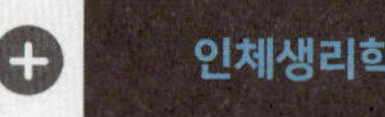

약학은 천연물에서 새로운 약을 개발하기 위한 생약학 분야와 인체 내에서의 약물효과를 극대화시키기 위해 투여 형태나 투여 경로 등을 연구하는 약제학 분야, 에너지대사 및 생체방어 등을 다루는 생화학 분야, 의약품구조 및 약리작용을 연구하는 약품분석학 분야, 식품이나 화장품 등의 안전성을 연구하는 위생약학 분야 등

Reason 1.

주요 학습 내용

약물의 구조·합성·반응성 이해, 약물의 작용 기전, 효과, 부작용, 약물 구조와 생물학적 활성 간의 관계

Reason 2.

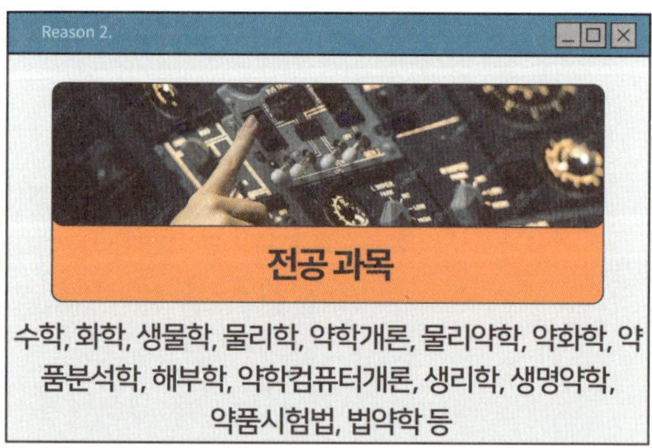

전공 과목

수학, 화학, 생물학, 물리학, 약학개론, 물리약학, 약화학, 약품분석학, 해부학, 약학컴퓨터개론, 생리학, 생명약학, 약품시험법, 법약학 등

Reason 3.

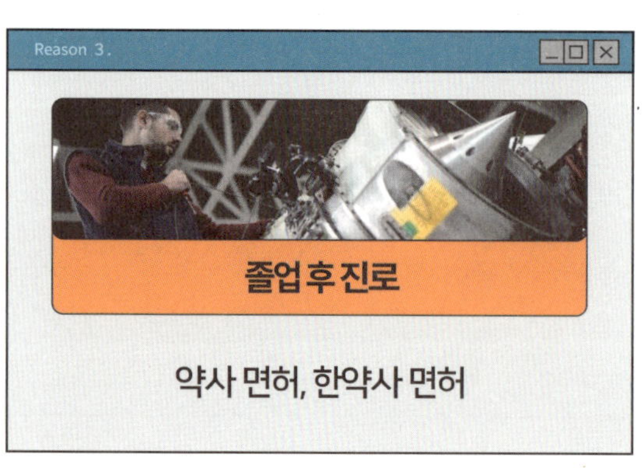

졸업 후 진로

약사 면허, 한약사 면허

Reason 4.

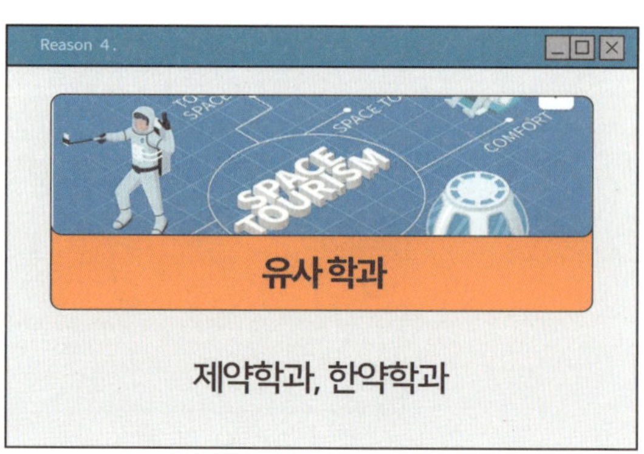

유사 학과

제약학과, 한약학과

생기부 세특 키워드

건강증진과 약사, 기능성식품및화장품, 독성학, 동물의약품학, 맞춤약제학, 면역학, 물리약학, 바이오의약품학, 병리학, 분자종양생물학, 사회약학원론, 생리학, 생물의약분석, 생약학, 생화학, 세포와 유전, 신약개발의 원리, 실전의약품합성, 약료학, 약물송달학, 약물경제학, 약물유전체학, 약물치료학, 약물학, 약사법규, 약용식물학, 약품분석학, 약품유기화학, 약학개론, 약학경영학, 약학데이터사이언스개론, 약학리더십, 약학미생물학, 해부학

생기부 추천 도서

- 송연화, 최혁재『내가 먹는 약이 독일까 약일까』
- 다니엘 바젤라『마법의 탄환』
- 최혁재『모르는 게 약?』
- 건강사회를 위한 약사회『식후 30분에 읽으세요』
- 후쿠오카 신이치『동적평형』
- 로빈펠드만『드럭워즈』
- 허문영『예술 속의 약학』
- 대한약학회『MT 약학』
- 조정환『약학 길라잡이』
- Candace B. Pert『감정의 분자』
- 심재우『신약 오딧세이』
- 김성훈『생명과 약의 연결고리』
- 홍성광 외『약사가 말하는 약사』

의예과 알아보기

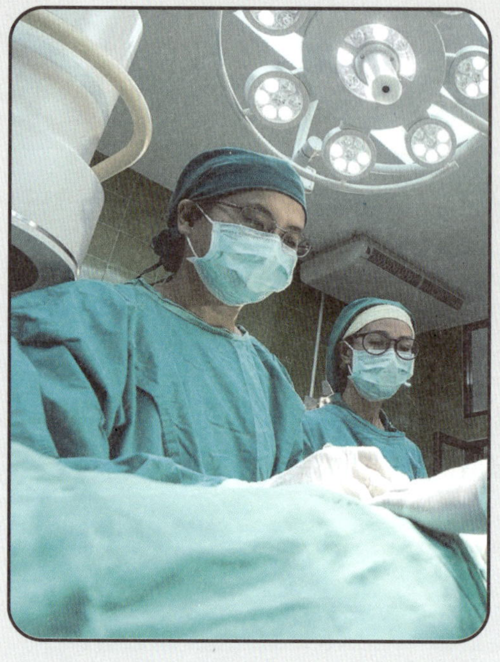

생명을 향한 첫걸음, 사람을 배우고 과학을
익히는 의학의 준비 과정

의예과

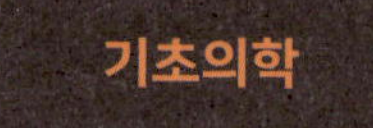

기초의학 ➕ 생명존중

의료인으로서 갖추어야 할 인성과 과학인으로서
요구되는 과학적 사고력과 창의성을 배양하고
보건의료에 종사하는 전문인으로서 필요한 지식과
실기를 습득하게 하여 국민건강의 유지 및 증진에
이바지하고 의학 발전을 도모하기 위한 인재
양성을 목표로 하는 학과

Reason 1.

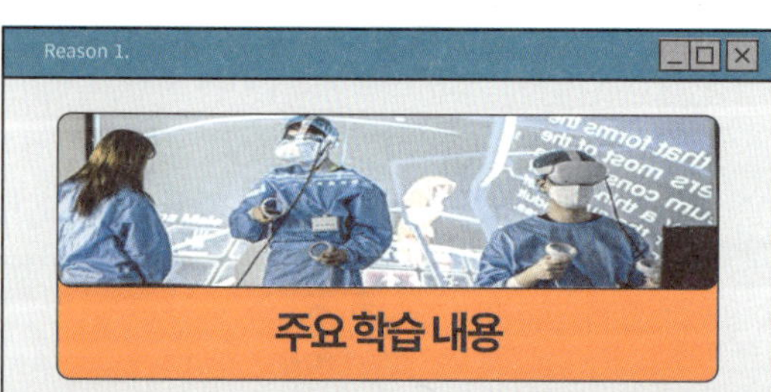

주요 학습 내용

일반화학실험, 의용생체공학, 의학을 위한 신기술, 생명
과 윤리, 의료정보학 및 실습, 인간심리학, 사회와 의료

Reason 2.

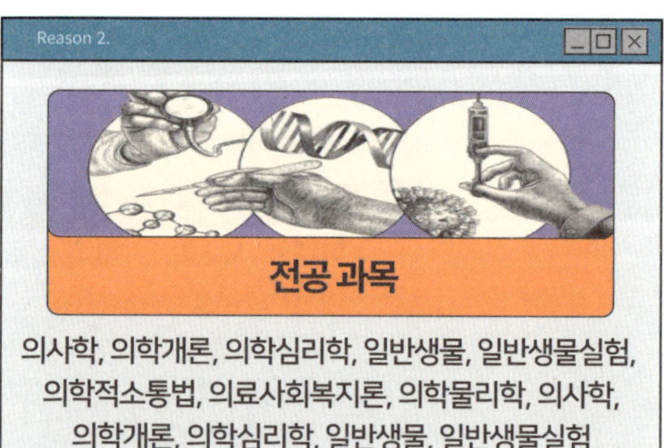

전공 과목

의사학, 의학개론, 의학심리학, 일반생물, 일반생물실험,
의학적소통법, 의료사회복지론, 의학물리학, 의사학,
의학개론, 의학심리학, 일반생물, 일반생물실험

Reason 3.

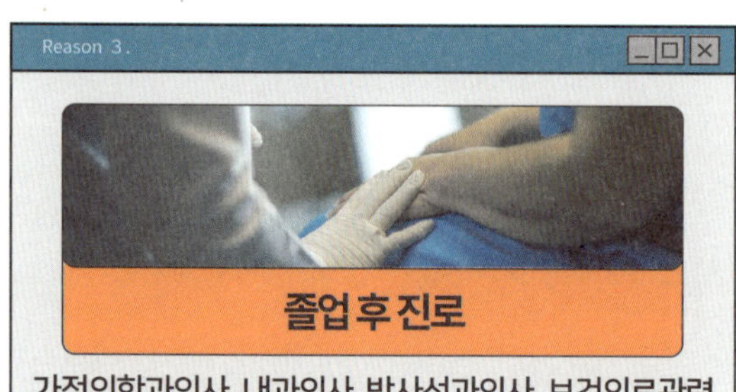

졸업 후 진로

가정의학과의사, 내과의사, 방사선과의사, 보건의료관련
관리자, 비뇨기과의사, 산부인과의사, 생명과학시험원,
성형외과의사, 소아과의사, 안과의사, 외과의사

Reason 4.

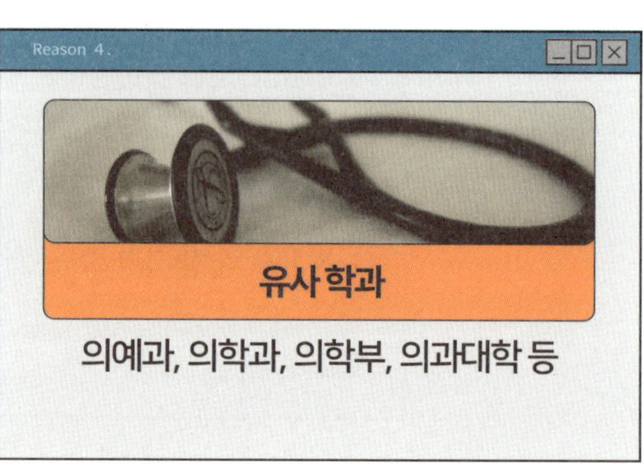

유사 학과

의예과, 의학과, 의학부, 의과대학 등

생기부 세특 키워드

국제의학의 이해, 기초의학통계학, 바이오창업자들을 위한 마인드세팅과 법개론, 사례별 질병 진단의 실제, 생명과 과학, 성의학이해, 세계예술 속 의학의 이해, 여성의 건강, 의대생을 위한 고전읽기, 의료기기 이해를 위한 공학개론, 의생명과학 논문의 이해, 의학연구, 의학을 위한 수학응용, 통일의료, 한국근현대의학사의 이해

생기부 추천 도서

- 로버트 루트번스타인『생각의 탄생』
- 브라이언 그린『엘러건트 유니버스』
- 재레드 다이아몬드『총 균 쇠』
- 알베르트 슈바이처『나의 생애와 사상』
- 헬렌 클래피새틀『메이요 평전』
- 가이도 다케루『바티스타 수술팀의 영광』
- 이종훈『의대를 꿈꾸는 대한민국의 천재들』
- 장동익『의사 할 만 하세요?』
- 손홍규『청년의사 장기려』
- 월터 르윈『나의 행복한 물리학 특강』
- 리처드 도킨스『이기적 유전자』
- 빌 브라이슨『거의 모든 것의 역사』
- 에르빈 슈뢰딩거『생명이란 무엇인가』
- 제레미 리프킨『엔트로피』

임상병리학과 알아보기

정확한 검사와 분석을 통해
질병의 원인을 규명하는

임상병리학과

임상화학, 진단혈액학, 임상미생물학, 임상면역학, 수혈의학, 진단조직세포학, 세포유전학 분자유전학 등 다양한 분야에서 신뢰성 있는 정확한 검사결과를 제공하여 과학적 의료 질 높은 의료서비스를 가능케 하는 임상병리사의 양성을 목표로 하는 학과

Reason 1.

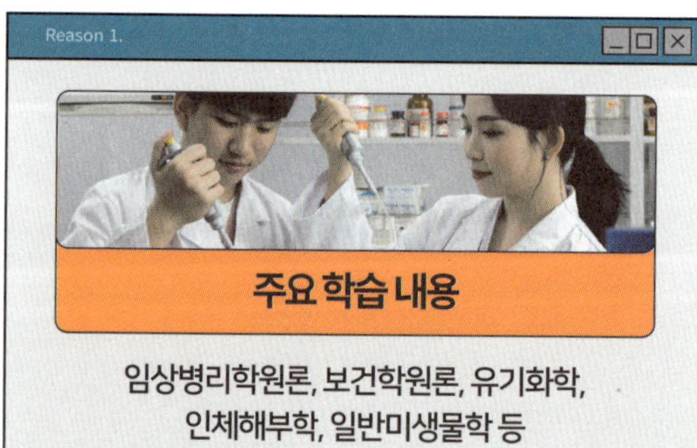

주요 학습 내용

임상병리학원론, 보건학원론, 유기화학, 인체해부학, 일반미생물학 등

Reason 2.

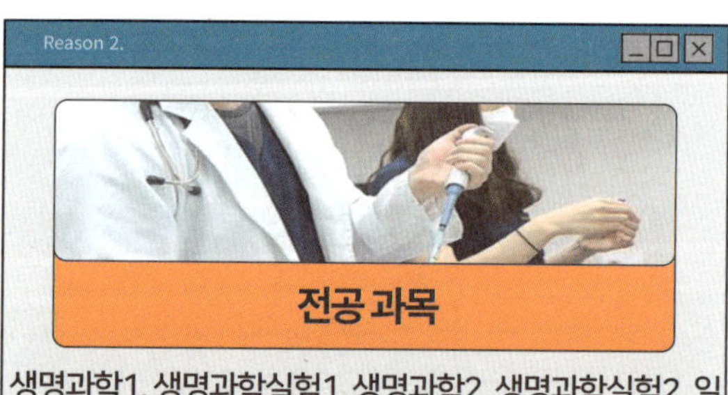

전공 과목

생명과학1, 생명과학실험1, 생명과학2, 생명과학실험2, 일반화학, 의학용어(NICE), 임상미생물학, 임상미생물학실습, 조직검사학,조직검사학실습, 인체생리학, 생화학, 면역학

Reason 3.

졸업 후 진로

보건위생 및 환경검사원, 생명과학시험원, 임상병리사, 임상연구코디네이터 등

Reason 4.

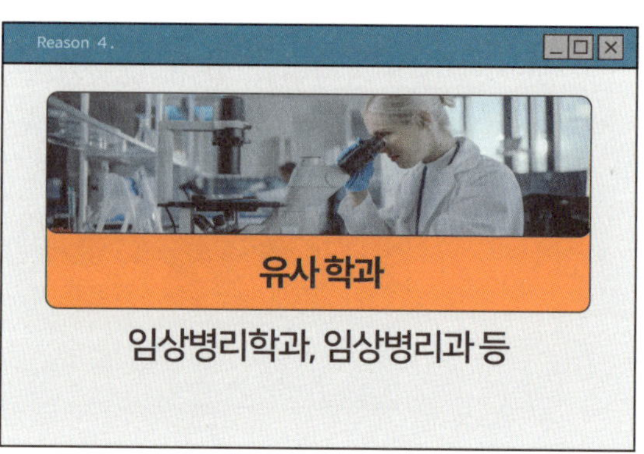

유사 학과

임상병리학과, 임상병리과 등

생기부 세특 키워드

감염병학, 공중보건학, 기생충학, 동위원소검사학, 면역학, 면역혈액학, 미생물학, 병리학, 병원감염관리학, 보건학원론, 분자생물학, 분자진단학, 생리학, 생화학, 세포생물학, 유기화학, 의료법규, 의학용어, 인체해부학, 임상기기분석학, 임상미생물학, 임상바이러스학, 임상병리학, 양상유전학, 임상화학, 정도관리학, 조직학, 진단세포학, 진단조직학, 진단혈액학, 체액진단학, 핵산진단학, 햌액학, 혈청학

생기부 추천 도서

- 예병일『내 몸 안의 과학』
- 애너 마이어『고대 DNA 이야기』
- 팀 오시『백신 그리고 우리가 모르는 이야기』
- 마이클 비디스 외『질병의 역사』
- 야마코토 후미오『대변 소변이 알려주는 우리 몸의 비밀』
- 히가시 시게요시 외『건강을 위한 꼭 알아야 할 혈액의 모든 것』
- 전대호『생명이란 무엇인가』
- 아서 콘버그『노벨상 수상자가 들려주는 미생물 이야기』
- 다나카 에츠로『내 몸 안의 지식여행 인체생리학』
- 이은희『하리하라의 세포 여행』
- 전재운『Why? 유전자 혈액형』
- 리처드 도킨스『이기적 유전자』
- 제레미 리프킨『엔트로피』
- 제임스 왓슨『이중나선』

치의예과 알아보기

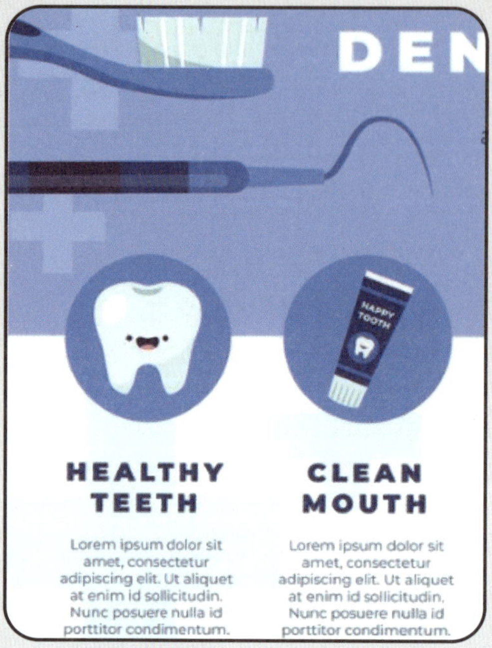

치과의사가 되기 위한
기초의학 지식과 과학적 사고력을
배우는

치의예과

기초의학 **+** 치과 전문성 준비과정

치의예과는 안면 및 구강 질환의 진단과 치료를
위한 기초 의학 지식을 배우는 과정이며,
치과의사가 되기 위한 전문성과 임상 소양을
기르는 예비 교육과정임

Reason 1.

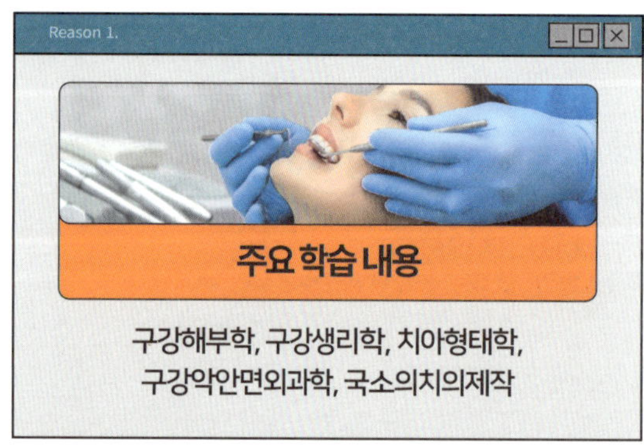

주요 학습 내용

구강해부학, 구강생리학, 치아형태학,
구강악안면외과학, 국소의치의제작

Reason 2.

전공 과목

화학, 생물학, 발생학, 물리학, 유전학, 기초물리화학,
세포분자생물학, 치의학개론, 근관치료학, 안면동통학,
악안면성형외과학, 임상교정학실습, 임상보존학

Reason 3.

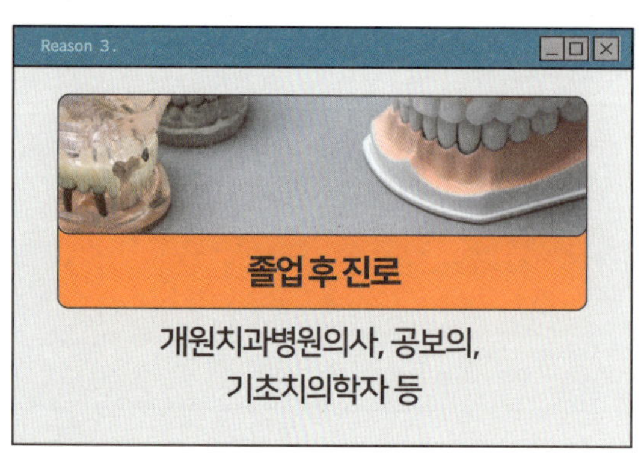

졸업 후 진로

개원치과병원의사, 공보의,
기초치의학자 등

Reason 4.

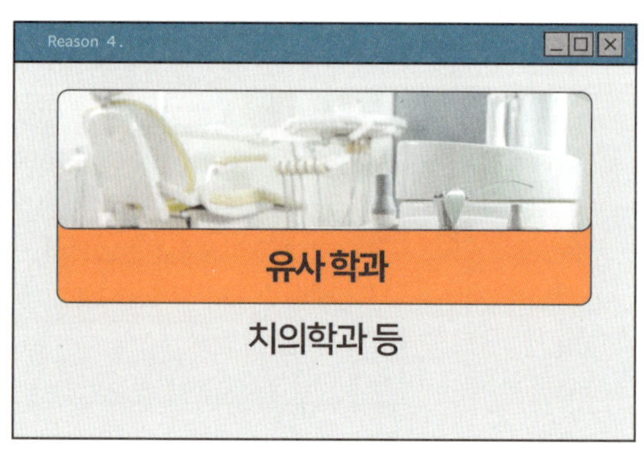

유사 학과

치의학과 등

생기부 세특 키워드

기초면역학, 미생물학, 발생학, 분자세포생물학, 사람해부학, 생리학, 생물정보학개론, 생체재료과학, 생체공학, 생화학, 유기화학, 의학용어, 인체발생학, 치과미생물학, 치과생리학, 복합치주치료학, 소아치과학, 영상치의학, 교정학,보철학, 영상치의학, 인체생명과학, 일반물리학, 일반생물학, 일반화학, 임상구강병리학, 임상구강안면외과학, 치과와 사학, 치과의료통계학, 치과조직학, 치의학

생기부 추천 도서

- 조성민 『드라큘라 치과』
- 전홍진 『매우 예민한 사람들을 위한 책』
- 아툴 가완디 『체크! 체크리스트』
- 사라 네틀런 『푸코와 치아』
- 피에르 포샤드 『치과의사 등』
- 에릭 시걸 『닥터스』
- 리처드 도킨스 『이기적 유전자』
- 찰스 다윈 『종의 기원』
- 강신익 외 『의학오딧세이』
- 안상수 외 『치과의사가 말하는 치과의사』
- 제레미 리프킨 『엔트로피』
- 제임스 왓슨 『이중나선』

한의예과 알아보기

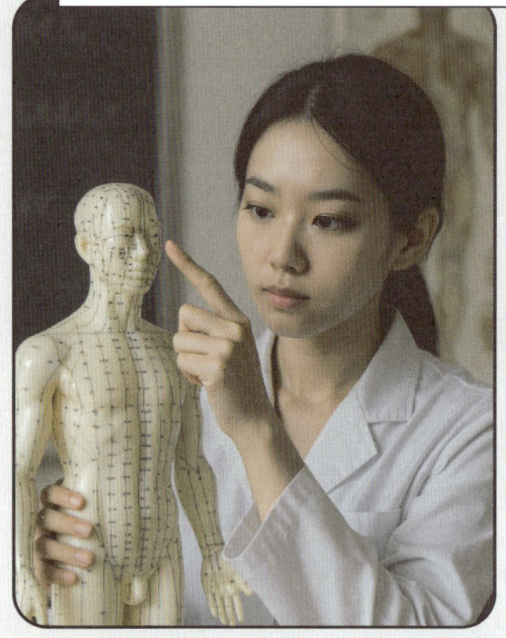

동양의학으로 대표되는 의학으로, 질병의 근본적인 원인을 규명하여 인체의 기능을 정상으로 회복시키는 데 중점을 두고 치료 기술 및 치료 영역을 연구하는

한의예과

| 동양의학 | ➕ | 자연치유 |

우리나라를 비롯해 중국 및 일본 등 한자 문화권에서 연구되고 발전되어 온 학문으로 서양에서도 한의학에 대한 관심이 점차 증가하고 있다. 한의예과2년, 한의학과4년으로 총6년 과정으로 공부하며, 이 후 국가면허시험에 합격하여 한의사가 될 수 있는 학과

Reason 1.

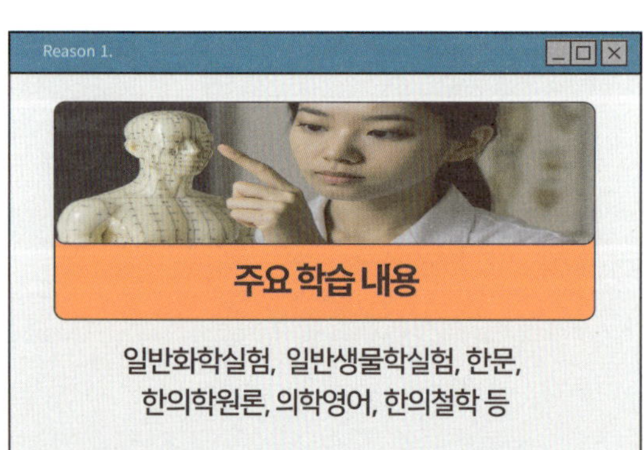

주요 학습 내용

일반화학실험, 일반생물학실험, 한문, 한의학원론, 의학영어, 한의철학 등

Reason 2.

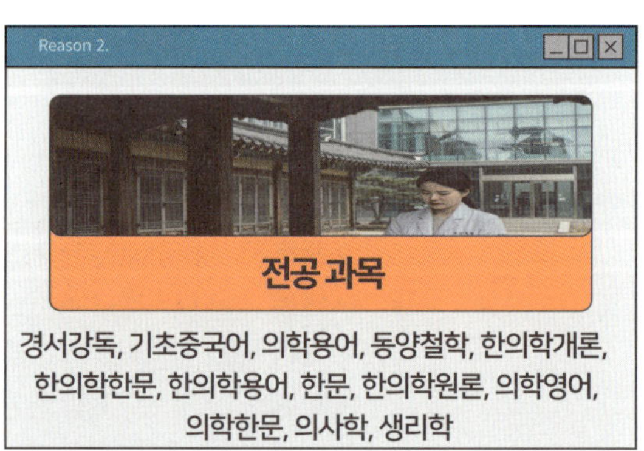

전공 과목

경서강독, 기초중국어, 의학용어, 동양철학, 한의학개론, 한의학한문, 한의학용어, 한문, 한의학원론, 의학영어, 의학한문, 의사학, 생리학

Reason 3.

졸업 후 진로

의학연구원, 한의사 등

Reason 4.

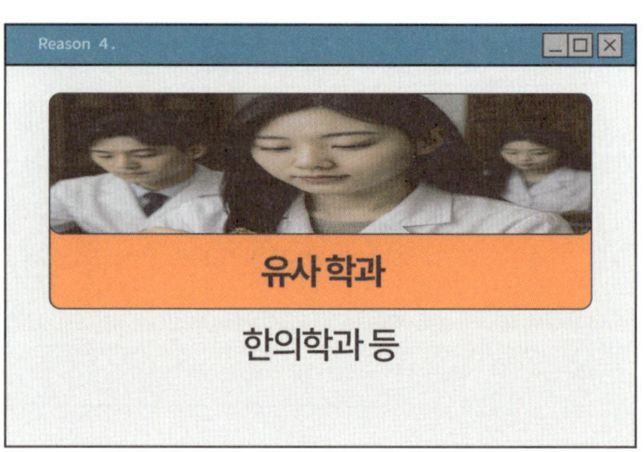

유사 학과

한의학과 등

생기부 세특 키워드 

고의서독법, 과학의인식과역사, 근거중심한의학개론, 발생학, 보건영양학, 보완통합의학, 본초학, 분자생물학, 생리학, 생화학, 원전, 의료와 사회, 의사학, 의학기공학, 의학연구, 의학용어, 의학유전학, 의학통계학, 의학한문, 일반생물, 일반화학, 일반화학실습, 중국어회화, 한문, 한의정보학, 한의학사유방법론, 해부학

생기부 추천 도서

- 에르빈 슈뢰딩거『생명이란 무엇인가』
- 제레미 리프킨『엔트로피』, 제임스 왓슨『이중나선』
- 찰스 다윈『종의 기원』
- 레이첼 카슨『침묵의 봄』
- 권복규『생명 윤리 이야기』
- 사마천『사기』, 김근『욕망하는 천자문』
- 김경일『한자의 역사를 따라 걷다』
- 한규성『역학원리강화』
- 어윤형 외『음양이 뭐지』
- 어윤형 외『오행은 뭘까』
- 이혜정 외『흐름의 철학 경락』, 이병삼『내 체질 사용설명서』
- 안세영 외『몸,한의학으로 다시 태어나다』
- 손영기『한의학 어떻게 공부할 것인가』
- 장기성『한의학의 원류를 찾다』, 윤승일『몸을 살리는 의학 몸을 죽이는 의학』
- 강산익『몸의 역사 몸의 문화』

교육 계열

교육학과 알아보기

왜, 누가, 어디서, 누구에게, 무엇을, 어떻게 가르칠 것인가 하는 아주 구체적인 문제까지 탐구하는

교육학과

고등/특수 교육 ➕ 기업, 산업교육 평생교육

인간의 학습, 교육, 성장 과정을 이론적·실천적으로 연구하는 학문 분야. 즉, 사람들이 어떻게 배우고 가르치는지를 연구하는 학과

Reason 1.

주요 학습 내용

교육학개론, 교육철학, 교육심리학, 교육사회학

Reason 2.

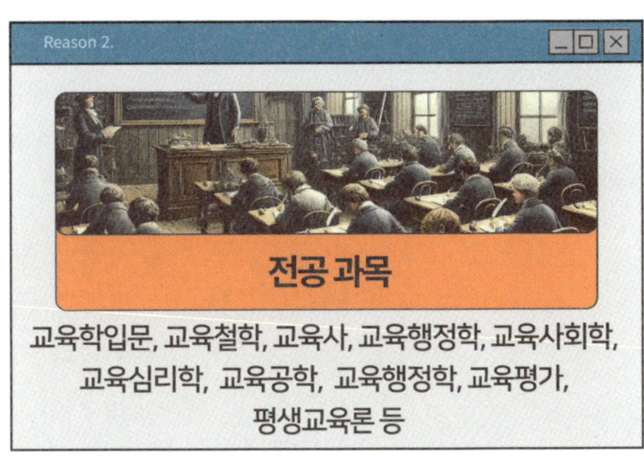

전공 과목

교육학입문, 교육철학, 교육사, 교육행정학, 교육사회학, 교육심리학, 교육공학, 교육행정학, 교육평가, 평생교육론 등

Reason 3.

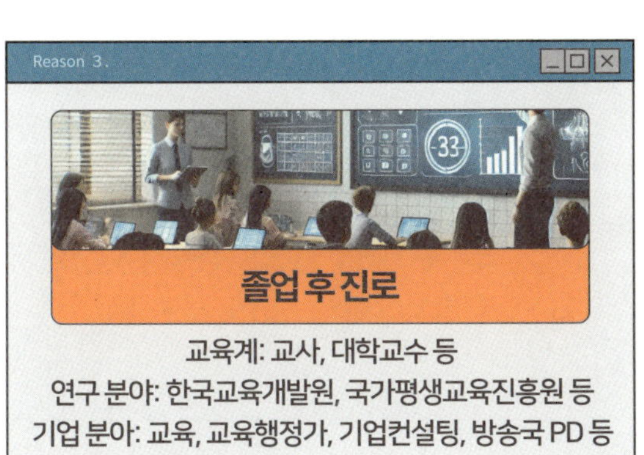

졸업 후 진로

교육계: 교사, 대학교수 등
연구 분야: 한국교육개발원, 국가평생교육진흥원 등
기업 분야: 교육, 교육행정가, 기업컨설팅, 방송국 PD 등

Reason 4.

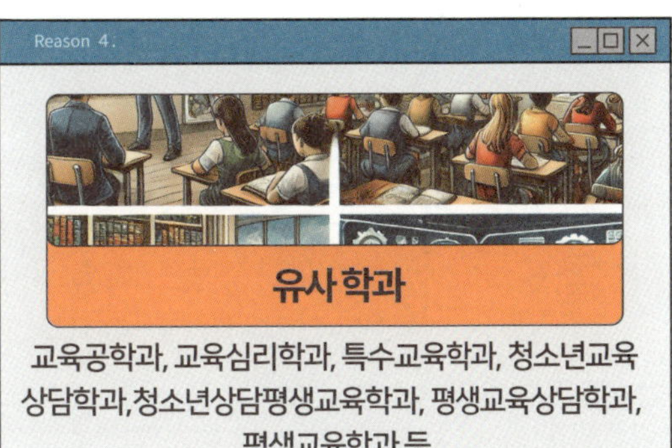

유사 학과

교육공학과, 교육심리학과, 특수교육학과, 청소년교육상담학과, 청소년상담평생교육학과, 평생교육상담학과, 평생교육학과 등

생기부 세특 키워드

교육심리, 인간학습분석, 상담과 생활지도, 질적교육연구
교육통계, 학교와 학급경영, 학습전략과 교육환경 디자인
인공지능기반교육, 교육과 사회정의, 사회혁신과 평생교육
교육조직과 성장, 교육학과 교과교육론, 교육사회학,
수업설계와 교육공학, 비아제, 비고츠키, 학습동기이론
교육행정, 양적연구, 질적연구, 진로진학상담, 교육통계
아동청소년진로발달, 교육경제학개론, 생활지도와 상담
현대교육사조, 인적자원 개발론, 교육정치론, 기업교육론

생기부 추천 도서

-J.J 루소『에밀』
-존 듀이『민주주의와 교육 철학의 개조』
-헤르만 헤세『수레바퀴 아래서』
-파울로 프레이리『페다고지』
-A.S 니일『섬머힐』
-심미경『아동을 위한 세계시민교육』
-김현욱『수업관찰 분석』
-가도와키 아쓰시『아이의 사회력』
-장우현『에튜트 감성교육』
-최승필『공부머리 독서법』
-곽덕주『미래교육, 교사가 디자인하다』
-필립 아리에스『아동의 탄생』
-로티『교직사회:교직과 교사의 삶』

초등교육과 알아보기

아동의 심리적 특성, 교육의 과정 및 교육 환경에 대한 다각적 이해를 바탕으로 교육적 효과를 거둘수 있는

초등교육학과

아동의 심리적 특성, 교육의 과정 및 교육 환경에 대한 다각적 이해를 바탕으로 이론적 기초와 실천적 지식을 갖추어 줌으로서 초등교육을 위한 유능한 예비교사 육성을 목적으로 하는 학과

Reason 1.

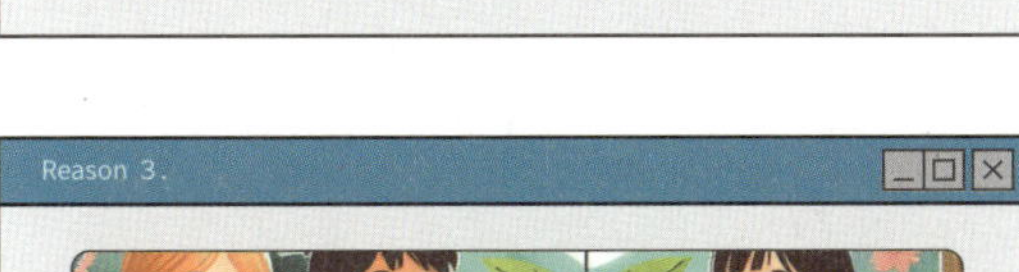

주요 학습 내용

아동 발달과 심리 이해, 교육학 이론, 교과 교육 방법, 수업 설계와 평가, 교육 실습

Reason 2.

전공 과목

아동발달과 교육, 초등교육론, 아동문학, 특수교육의이해, 교육현장의 이해, 학교폭력예방의 이론과 실제, 초등교육과정, 초등수학기초이론, 초등영어기초이론

Reason 3.

졸업 후 진로

초등학교 교사, 초등교육 관련 연구원, 상담전문가, 교재 및 교구 개발자 등

Reason 4.

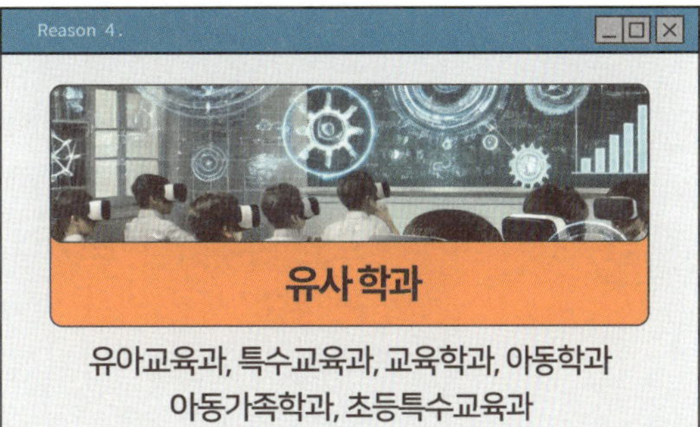

유사 학과

유아교육과, 특수교육과, 교육학과, 아동학과 아동가족학과, 초등특수교육과

생기부 세특 키워드 

초등 국어교육, 읽기 독본 교재 개발, 읽기 교육론
동화교육론, 매체언어와 문학교육, 어휘교육론, 화법교육론
민주시면생활과법교육, 경제질서와 한국경제, 한국근현대사
문화유적답사, 초등수학문제해결, 대수학과초등수학,
해석학과초등수학, 수사학과 수학교육, 수학게임퍼즐
초등물리교육, 전자기학및 실험, 유기화학 및 실험, 생명과학
및실험, 과학창의적체험활동, 컴퓨팅과수학, 프로그래밍기초,
피지컬컴퓨팅, 알고리즘, 초등영어문화지도, 스토리텔링,
초등영어평가방법

생기부 추천 도서

- 송형호 『송샘의 아름다운 수업』
- 김연화 『초등교사 이야기』
- 한넬레 니에미 외 『핀란드 교육의 기적』
- 토머스 S. 쿤 『과학혁명의 구조』
- 헬레나 노르베리 호지 『오래된 미래』
- 장 지글러 『왜 세계의 절반은 굶주리는가』
- 토드 부크홀츠 『죽은 경제학자의 살아있는 아이디어』
- 존 브록만 『위험한 생각들』
- 정약용 『목민심서(정선)』
- 새뮤얼 헌팅턴 『문명의 충돌』
- 로렌 슬레이터 『스키너의 심리상자 열기』
- 박경철 『시골 의사의 아름다운 동행』
- 리처드 도킨스 『이기적 유전자(40주년 기념판)』

예·체능 계열

산업디자인학과 알아보기

각종 공산품에서부터 전자제품, 가구, 자동차에 이르는 다양한 제품의 디자인 개발을 주도하는 지식과 방법을 배우는

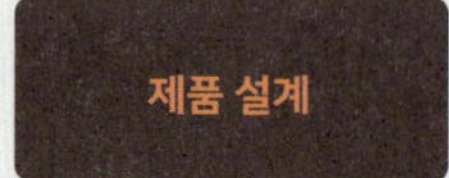

제품 설계 ➕ **문제 해결**

디자인 분야에서 소재가 가장 광범위한 분야로 제품 디자인과 각 전달디자인을 중심으로 한 이론과 실기를 배우며, 제품의 외양적인 디자인 뿐만 아니라 기능, 활용의 유용성까지도 고려해야 하므로 조형예술, 과학기술, 인문학 등이 융합된 학과

Reason 1. _□✕

주요 학습 내용

제품의 형태, 기능, 사용자 경험을 고려한 창의적 설계, 스케치, 3D 모델링, CAD 등

Reason 2. _□✕

전공 과목

기초디자인, 컴퓨터와 디자인, 디자인제도, 디자인과 사회, 디자인의 역사, 색채와 생활, 환경디자인과인간, 서양미술사, 공간조형 연습, 디자인방법론, 3D디자인

Reason 3. _□✕

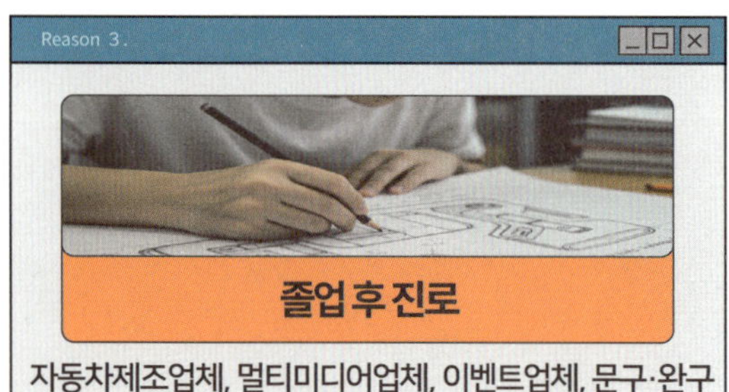

졸업 후 진로

자동차제조업체, 멀티미디어업체, 이벤트업체, 문구·완구업체, 게임 및 캐릭터개발업체, 디지털제품·팬시제품·가구·조명 관련 라이프스타일 디자인업체 등

Reason 4. _□✕

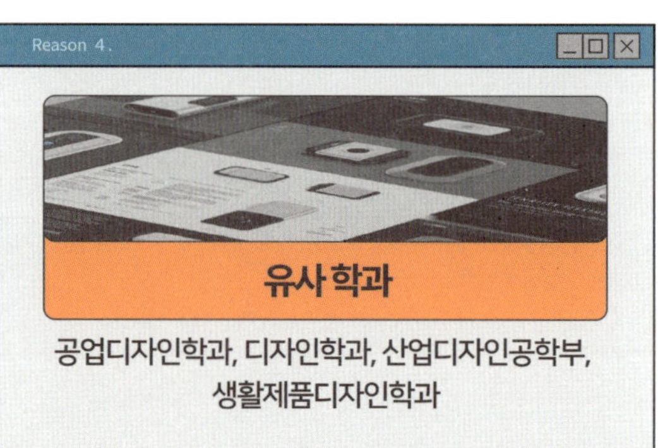

유사 학과

공업디자인학과, 디자인학과, 산업디자인공학부, 생활제품디자인학과

생기부 세특 키워드

기초입체, 디자인사, 컴퓨터그래픽스입문,
자유연상과표현기법, 제품프로토타이핑스튜디오
산업브랜딩과 시각화, 서스테이너블디자인, 공간프로토타
이핑스튜디오, 제품폼팩터스튜디오, 디자인진로탐구
디지털입체심화, 실무드로잉, 디지털입체실무도면,
제품애플리케이션스튜디오, 디지털리터러시
ux분석과 응용, 디지털입체심화, 모빌리티폼팩터스튜디오

생기부 추천 도서

- 최경원『좋아 보이는 것들의 비밀 Good Design 굿 디자인』
- 하라 겐야『디자인의 디자인』
- 빅터 파파넥『인간을 위한 디자인』
- 미하이 칙센트미하이『창의성의 즐거움』
- 하비 몰로치(강현주 역)『상품의 탄생, 그리고 디자인 이야기』
- 한국디자인학회『기초 디자인 교과서』
- 권영걸『공간디자인 16강』
- E. H. 곰브리치『서양미술사』
- 구상『스케치&렌더링 스튜디오』
- 구상『자동차 디자인 교과서』
- 빌벅스턴『사용자 경험 스케치』
- 김민수『21세기 디자인 문화 탐사』
- 김종균『디자인 전쟁』
- 유정미『디자인 브랜드와 만나다』
- 현시원『디자인 극과 극』

시각디자인학과 알아보기

이미지, 글자, 색채 등을 활용해 시각적으로 메시지를 전달하는 방법을 배우는

시각디자인학과

커뮤니케이션 + **창의적 표현**

과학기술이 발달하면서 전통적인 매체인 인쇄매체를 비롯하여 영상, 광고, 애니메이션, 컴퓨터 그래픽스, 멀티미디어, 모바일에 이르기까지 점차 활용영역이 광범위해지고 있다. 대중과의 커뮤니케이션 효과를 극대화하기 위한 다양한 시각적인 실험과 조형적인 탐구를 하며 이론과 실기를 통해 시각적 메시지 전달력을 높이기 위한 것을 배운다.

Reason 1.

주요 학습 내용

이미지와 타이포그래피를 활용해 시각적으로 효과적인 메시지를 전달하는 방법

Reason 2.

전공 과목

기초디자인, 입체조형디자인, 색채와 생활, 서양미술사, 시각전달디자인, 일러스트레이션, 디자인발상법, 시각디자인방법론, 디자인기호학, 시각전달디자인, 타이포그래피

Reason 3.

졸업 후 진로

가방디자이너, 게임그래픽디자이너, 신발디자이너, 영상그래픽디자이너, 웹디자이너, 일러스트레이터, 제품디자이너, 조명디자이너, 직물(텍스타일)디자이너 등

Reason 4.

유사 학과

시각정보디자인전공, 커뮤티케이션디자인, 시각디자인학전공, 디자인학과, 시각·영상디자인학과, 멀티미디어디자인전공 등

생기부 세특 키워드

기초디자인, 타이포그래피, 미디어 디자인,
2D 디지털 그래필스, 3D디지털그래픽스
디자인과 글쓰기, 타이포그래피, 타입과 컨텐츠
미디어 디자인, 모션그래픽, 하이브리드 이미징
디자인워크숍, 시각디자인워크숍, 디자인전략
타입과 미디어, 브랜드 디자인, 경험디자인
모션 그래픽, 캡스톤디자인, 광고디자인

생기부 추천 도서

- 스티븐 헬러(이희수 역)『그래픽 디자인을 뒤바꾼 아이디어 100』
- 최경원『디자인 인문학』
- 엘렌 럽튼『그래픽 디자인 새로운 기초』
- 개빈 앰브로즈『그리드』
- 나이절 크로스『디자이너는 어떻게 생각하는가:나이절 크로스의 생각하는 디자인』
- 락시미『한 권으로 읽는 20세기 디자인』
 - 릭포이너『No More Rules』
- 마샬 맥루한『구텐베르크 은하계』
- 마이클 베이루트 외『그래픽 디자인 들여다보기 3』
- 존 거거『그래픽 디자인 이론 : 그 사상의 흐름』
- 노먼 포터『디자이너란 무엇인가』
- 스콧 맥클라우드『만화의 이해』
- 아놀드 하우저『문학과 예술의 사회사』
- 시뮬라시옹『사물의 체계』
- 에이드리언 포터『욕망의 사물 디자인의 사회사』

연극영화학과 알아보기

시나리오작성, 연출, 촬영, 마케팅 등 연극, 영화에 대한 학문적 지식과 실습 교육을 통해 유능한 공연영상예술인 양성을 목표로 하는

연극영화학과

창의적 표현 **+** 예술과 기술의 융합

연극과 영화는 총체적 종합예술로서 다양한 장르를 아우르며 발전하고 있다. 연극이 희곡, 연기, 무대 미술의 총체적 창조력으로 무대 공간 위에 표현하는 종합예술이라면, 영화는 입체적인 영상을 통해 한계가 없는 스토리를 담는 매력을 지닌다.

Reason 1.

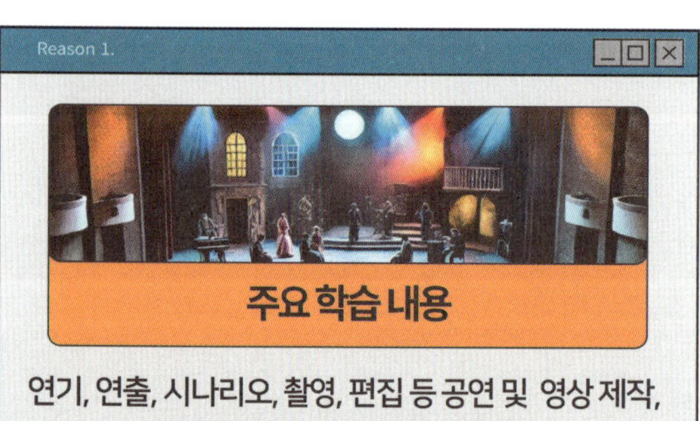

주요 학습 내용

연기, 연출, 시나리오, 촬영, 편집 등 공연 및 영상 제작, 연극·영화의 역사, 이론, 비평 등

Reason 2.

전공 과목

연극개론, 영화개론, 공연영상예술개론, 발성과 화술, 스토리텔링의 기초, 디자인 실습, 영화학입문, 디지털영화제작, 예술철학과 사상사, 대본창작, 연출과디자인세미나

Reason 3.

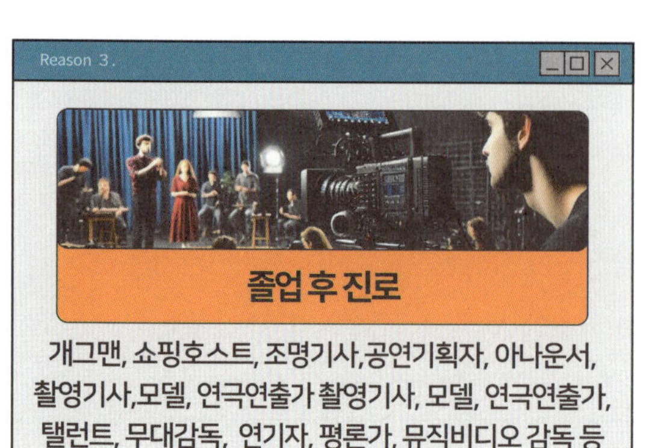

졸업 후 진로

개그맨, 쇼핑호스트, 조명기사, 공연기획자, 아나운서, 촬영기사, 모델, 연극연출가 촬영기사, 모델, 연극연출가, 탤런트, 무대감독, 연기자, 평론가, 뮤직비디오 감독 등

Reason 4.

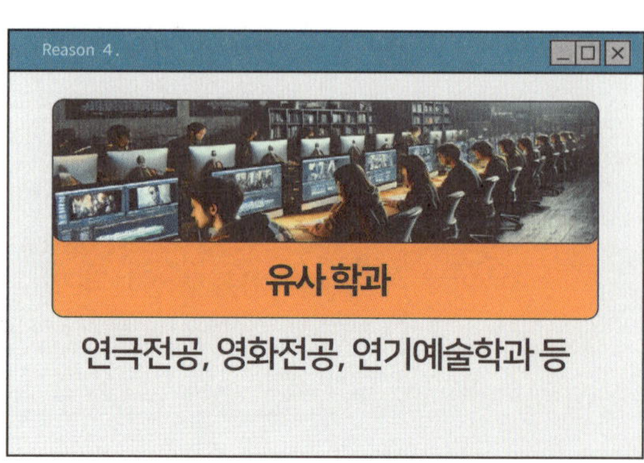

유사 학과

연극전공, 영화전공, 연기예술학과 등

생기부 세특 키워드

연극대론, 연극사, 프로덕션제작실습, 카메라연기
보이스, 뮤지컬보컬, 뮤지컬 연기, 무브먼트, 현대무용
발레, 어드벤처디자인(연출), 연극제작, 뮤지컬제작
오디션테크닉, 예술경영, 연극영화교육론
연극영화교재연구 및 지도법

생기부 추천 도서

- 크리스틴 링크레이터『자유로운 음성을 위하여』
- 노르베르트 아벨스『클라시커50연극』
- David Howard『시나리오 가이드』
- 에우리피데스『에우리피데스 비극』
- 안톤 체호프『체호프 희곡 전집』
- 권오숙『셰익스피어, 대학로에서 연극을 보다』
- 조은하 외『최신디지털스토리텔링』
- 윌리엄 셰익스피어『공부가 되는 셰익스피어 4대 비극·5대 희극 세트』
- 한국연기예술학회『배우 훈련 시작하기』
- 강현준『연기 전공 입시 시작부터 합격까지』
- 김정섭『케이컬처 시대의 배우 경영학』
- 안민수『배우 수업』
- 유리 로트만『스크린과의 대화』, 문관류『시네클레스』
- 데이비드 보드웰『영화 예술』, 스튜어트 보이틸라『영화의 산화』
- 루이스 자네티『영화의 이해』, 로저 에버트『위대한 영화 세트』

고교학점제 시대 등급을 뛰어넘는
생기부 세특 키워드 & 선택과목 전략

1판 1쇄 발행 2025년 9월 5일

지은이 한성희

편집 이새희
마케팅·지원 이창민

펴낸곳 (주)하움출판사　**펴낸이** 문현광

이메일 haum1000@naver.com　**홈페이지** haum.kr
블로그 blog.naver.com/haum1000　**인스타** @haum1007

ISBN 979-11-7374-179-1(93370)